Tchicaya u Tam'si

THE BELLY

Printed in the U.S.A.
First Printing
10 9 8 7 6 5 4 3 2 1   21 22 23 24 25 26

Library of Congress Control Number: 2021941529
U Tam'si, Tchicaya
(Pen name of Gérald-Félix Tchicaya)
The Belly / Tchicaya U Tam'si;
with Peter Thompson (translator)
p. cm.
ISBN: 978-1-944884-93-2

DIÁLOGOS
dialogosbooks.com

Acknowledgments

The present editing team and translator are endlessly grateful to Suzanne Diop and Présence Africaine, for this project and many others. Little encouragement was needed with this long work, because its genius was evident. Yet support was generously given by those who knew Tchicaya and his first translator, Gerald Moore. They include Wangui wa Goro, Mbulelo Mzamane, Véronique Tadjo and Abiola Irele.

Translator's Note

This much-needed translation has bided many years since Gerald Moore's versions of shorter works in the 1960s. And sixty years have passed since the wave of political independence in Africa—and now sixty years since Patrice Lumumba's (the dedicatee's) murder. Tchicaya u Tam'si's reputation has only grown. The respect earned by Léopold Sédar Senghor's lyricism and crucial Negritude polemic have surely accrued to Tchicaya (given name: Gérald-Félix Tchicaya), Africa's master of dazzling and enigmatic metaphor. While Senghor asserted that politics is inextricable from the roots of culture, he also insisted that the end of any politics is culture. So we are urged to accede to Tchicaya's poetic alchemy even as he dedicates this anguished work to Lumumba and the political hopes of 1962 (original publication date 1964; second edition 1978). This perspective fits perfectly with the polemic and public praxis of Diálogos Books.

Tchicaya is often lauded as "the African Rimbaud." While there are offensive elements in this tangent of comparative literature, the African poet lived many years in France and well knew the work of the boy "seer." The thunderous inscrutability of his images recalls *Les Illuminations*. Rimbaud:

> For sale, the priceless Bodies, beyond racial type, from all classes, of every sex, of every lineage! Riches spurting forth with every step! An unchecked sale on diamonds! (from "Solde")

Tchicaya:

> the war of Christmas bonuses
> emerges from long-armed bodies
> I am renting my skin
> the passing cloud thumbs its nose at the sky
> on this St. Sostenes Day, and beads
> (from *The Belly*)

I will conclude with a comment on translating this kind of imagery, but first there is the complication of another influence. The Nigerian critic and editor Abiola Irele has said more than once that Tchicaya writes in the tradition of Caribbean poet Aimé Césaire. We can trace this line, *grosso modo*, from Baudelaire and Rimbaud through Mallarmé and French Symbolism to the Surrealists. Césaire, who had met "the Pope of Surrealism," André Breton, frequently deployed the Surrealists' eerie tone and "objective chance" in *Cahier d'un retour au pays natal, Ferrements* and other works. An example (and compare to previous Tchicaya citation):

> I would unleash monsters, and used to hear, from the other
> side of disaster, a river of turtledoves and clover leaves
> that I still carry in my depths—to the inverse height of
> the twentieth floor of the most insolent houses—out of
> precaution against the putrefying force of twilights, a dusk
> zone paced day and night by an unholy venereal sun. (from
> *Cahier d'un retour au pays natal*)

The complication that Césaire adds to this "tradition" (even to the Surrealists' tradition of deriding Cartesian logic) is his mockery (abuse, tormenting) of French, the language of the colonizer. This is patent and had been much discussed by the time of Tchicaya's production. The same fervor adds a layer of complexity to Tchicaya's syntax, punctuation and line breaks. The flow of ideas—flow, at least, that we might conceive as logical links—is frustrated. Within the jolts of each poem are the stunned gaps in our comprehension. The gaps open an abyss (a favorite image), or the "intellectual and organic fissure" that Abdellatif Laâbi speaks of (first issue of *Souffles*, 1966)—a fissure that allows our faculties to "seize the real in its boundless movement." This hollowing out of sense makes room for an inchoate ringing: not only a visceral (from the belly) horror at Lumumba's end, but also a limitless mockery of Western and neo-colonialist projects. The translator's task is not to add links, clarifiers or syntax to these abrupt spaces, but to let them gape wide.

That leaves the image itself, and its translation. In the citation above "je loue ma peau" translates to "I rent my skin". Finding the English for each noun and verb is not a great challenge, and that alone produces an effective image. Surrealism—at least the quiet, incantatory surrealism of concrete images—often translates readily. The result still shimmers with enigma. The trick here (hinted at above) has mainly been to refrain from extra syntax that might add sound or sense. Tchicaya died relatively young and left little by way of exegesis, so the key is to accept him as a difficult poet and to resist the temptation to make him less so.

Proper nouns in this text are easily researched. Some lower case letters may obscure references to Christianity. There is ambivalence in the latter symbol and agent of colonialism, but we must also be alert to a reading of Lumumba's life as Christ-like.

The many references to Kin need explanation. This can be Kinshasa, the present name of Léopoldville, capital of the Democratic Republic of The Congo (the former Zaire), where Tchicaya lived for a time. It can also refer to the Kinois (Kinshasan, in English) ethnicity. It is important to note that this is the geographical and emotional center of the book, whose homage is to Lumumba (political leader in the newly independent Zaire). At the same time, we note that Tchicaya was from Republic of The Congo, to the north. Africans often make the distinction by saying Congo-Brazzaville (north side of the Congo River) or Congo-Kinshasa (south of the river, the DRC).

—Peter Thompson

Tchicaya u Tam'si

THE BELLY

Le Ventre

Translated by
Peter Thompson
(Paris : Présence Africaine, 1964, 1978)

DIÁLOGOS
New Orleans

LE VENTRE

LE TRÉSOR   12

CHANT POUR PLEURER UN COMBATTANT   38

COMME A MONTSEGUR!   66

LE FESTIN   82

LES CORPS EN FRICHE   102

TORTURES   116

FERMEZ LA PORTE, ON MEURT!   124

L'AFFICHE   128

DES SONNAILLES A L'AME   134

D'UN CHANT A L'AUTRE   154

SOUS LE CIEL DE SOI   174

DANS QUELLE NUIT?   184

LES CORPS ET LES BIENS   192

LE VENTRE RESTE   208

THE BELLY

THE TREASURE 13

SONG FOR MOURNING A SOLDIER 39

AS AT MONSÉGUR! 67

THE BANQUET 83

FALLOWED BODIES 103

TORTURES 117

SHUT THE DOOR, WE'RE DYING IN HERE! 125

POSTER ART 129

BELLING THE SOUL 135

FROM ONE SONG TO ANOTHER 155

UNDER A SKY OF SELF 175

IN WHAT NIGHT? 185

BODIES AND GOODS 193

THE BELLY REMAINS 209

ABOUT THE AUTHOR 213

LE TRÉSOR

à Lilo et Y ango Antoniades

THE TREASURE

A Lilo et Yango Antoniades

Non.
Je dis: non.
La lune se veut ronde. Non répond: non.
On s'appelle du ventre.
Le ventre ne dit: non.
La pluie tombe à larges lames
Sur le chant déjà gorgé de sang.

Non!
Je dis: Non!
La lune se veut ronde!
Non répond: non!
Comme j'ai l'âme épaisse
je m'enfonce les aiguillages
d'un chemin de fer à voies multiples
le tout dans la tête!

Non?
Je dis: Non?
La lune se veut ronde?
Non répond: non?
Que le ventre réponde!
Le ventre répond du ventre
On voit—souvent—:
L'amour tourne le dos au cœur!
Pour l'en punir, le sang coule plus vite
dans les prairies
que dans les veines!

No.
I say: no.
The moon wills its fullness.
No comes back: no.
We call ourselves from the gut.
The gut doesn't say it: no.
Rain falls in wide blades
Over the song swollen with blood.

No!
I say: No!
The moon would be full!
No replies: no!
Since my soul has gone turbid
I plunge the switches
of a many-track railroad—
the whole thing—into my head!

No?
I say: No?
The moon would be full?
No replies: no?
Let the gut finally answer!
The gut answers from the gut
We note—often—:
That love turns its back on the heart!
And to punish this, blood flows faster
on the meadows
than in the veins!

Non. Rien à reprendre à cette couronne…
Il faut cependant s'ouvrir le sang!
(Jusqu'au cimetière le syndicalisme…)
Et dire que tous les privilèges
viendraient des draps ou de la paille
dans le lit,
Jamais des grandes pertes d'eau
qui firent de ce lit un désert
et non le berceau et non la huche!

Le déluge a été la nuit
épaissie par plus de fumée
qu'il n'y eut feu dans les forges
où l'on battait le cuivre
pour les maillons
d'une chaîne d'hommes
unis du ventre et du cœur
dès l'œuf, dans tel giron!

Le frai eut lieu
tout de suite après les vêpres;
un ban de ventres blancs
flotta sur le stanley-pool
parmi les jacinthes d'eau
Et la nuit crépita
sous le feu des étoiles.

No. Nothing to re-gain from this crown…
Still, our blood must flow!
(Unionism until death…)
And to think that all privilege
comes from bedding
of either sheets or straw,
never from the water leaks
that made this bed a desert
rather than cradle or coop!

The flood was a night
thickened by more smoke
than there was fire in the forges
where copper was hammered
for the links
in a chain of men
joined at the stomach and heart
from birth, in a lap like this!

The spawning took place
right after vespers;
a huddle of white bellies
floated on the great lake
among water hyacinths
and the night crackled
beneath the flame of the stars.

Tenant le nombril en laisse
le ventre ne sait plus
ce qu'il promet, ni à qui.
Il faut cependant s'ouvrir le sang
et ne plus savoir chez qui
compter les siens, ni avec qui.

Ceux qui sont venus
avaient sous leurs narines
la croix et la bannière,
où l'on vit le christ
accroupi et somnolent
sur les flammes du purgatoire
et j'oublie; un vomitif
dans les calices, dans chaque main!
Vous êtes venus:
Etes-vous sûrs d'avoir vaincu?
Toujours!
Je me rebelle,
je me crève la peau
je tue l'autre
je le dépossède
je le soumets
« Les noirs débarquent…
Les flèches du rire!… »
D'abord le vin, avant l'eau du baptême
ou l'huile de la lampe!
Est-ce que je me trahis
Avec un tel programme
tout issu du décalogue?

Holding its navel on a short lead
the stomach no longer knows
what to promise, nor to whom.
Still, we must let blood flow
and no longer know which house
to count as ours, nor which people.

Those who came
held below their nostrils
the cross and the banner,
where you saw christ
crouching and drowsy
over purgatory's flames
and I'm forgetting; an emetic
in the chalices, one in each hand!
You came:
Are you sure you conquered?
Always!
I'm in revolt,
I burst my skin
I kill my fellow
I strip him
I subdue him
"The blacks are landing…
And the arrows of laughter!.."
First wine, before baptismal water
or the lamp's oil!
Now, am I betraying myself
With these orders
straight out of the Decalogue?

Les hyènes en feulant
gaulent les olives pour l'huile
de l'onction et non de la lampe.

Dans la ville du Kalif
Le vin se mêle aux roses.
Le soir bleuit le feu
Un jet d'eau lape l'air
Son cri est fil à coudre
la mort dans notre vie.

Mon front sue dans tes yeux.

L'eau vive absout l'homme
que disloque une fleur des champs.

Non. Rien à reprendre à cette couronne!

Non.
Je dis: non.
La lune se veut ronde
non répond: non.
Et pourtant
quelque chose en moi
porte dans les ronces du désir
une couronne de cuivre humide
du sang d'un martyr!

The hyenas, snarling,
stomp the olives for anointing oil,
not for lamps.

In the town of Kalif
Wine blends with roses.
Evening blues the fire
A fountain laps the air
Its voice is thread stitching
death into our life.

My brow sweats into your eyes.

Running water absolves the man
displaced by a wildflower.

No. Nothing to get back from that crown!

No.
I say: no.
The moon dreams of being round
no replies: no.
And yet
something in me
bears through the bramble of desire
a brass crown dripping
with the blood of a martyr!

Et pourtant
Soudain j'aurai la bouche
couverte par ce ventre.
Ce sera l'ultime tombe
peu creuse afin que mon corps
soit le déluge qui déborde les vents.
Qui sera noé sinon lui
sinon l'âme que répand
ce chant de vertèbre
qui accuse l'auteur de sa mort?

L'amour désole.
L'amour tue.
L'amour s'en va.
Quand fut-il dit:
le ventre reste?
Il tombe avec les fléaux
Sur ma bouche grasse du baiser d'un judas.

J'étouffe sous un ventre
qui n'a pas su dire pardon
à l'ivraie plus guerrière
que l'abeille des champs.

And yet
Suddenly my mouth
will be stopped by this gut.
This will be the last tomb
a bit shallow so my body
can be the flood that overflows the winds.
Who will be noah if not this
if not the soul spread open
by this song of the backbone
blaming the author for its death?

Love despairs.
Love kills.
Love wanders off.
When was it ever said:
that the gut remains?
It tumbles with the plagues
onto my slippery mouth, grease of a judas's kiss.

I suffocate beneath a belly
that has never said it was sorry
to the tare more war-like
than a wild bee.

Je serai moi-même la planche de mon salut!
Déjà, le velours brise le silence
en ailes d'éphémères
qui neigent sur la lampe à huile.

Pour le carnaval, des baves aux masques
feraient mieux que deux rictus
Mais puisque je n'ai qu'un visage,
c'est sur lui que je passe la main.
L'horizon trop plat d'ici m'embroche le cœur
Si je recule tout est hérissé!
Je ne quitte pas le port le vent aux flancs
mais avec des rafales dans le ventre.

"Le Congo, c'est moi."
—*Lumumba*

I will be my own last hope!
Already, velvet splits the silence
into ephemeral wings
which drift down over the oil lamp.

For carnival, drool on the masks
would improve on that double rictus
But since I've got only one face,
that's where my hand must pass.
Too flat from here the horizon skewers my heart
If I back up it's against the bristles!
I will not leave the port with the wind at my side
but taking the blasts in my stomach.

Je me tords le ventre,
Ni l'iode ni le goémon
ni les algues n'ont eu
autant de suavité dans la caresse
que mes lèvres naguère
avant qu'il ne fut fait à la terre
l'affront d'un galop de chacals
hélas ventriloques!

Le ventre,
partout avec cette chaleur
pestilentielle des vieux charniers.

I twist my guts,
Neither iodine nor seaweed
nor algae ever had
as much smoothness in their caress
as my lips lately
before there came upon the earth
the insult of cavorting jackals,
ventriloquists at that, alas!

The gut,
everywhere along with this pestilential
warmth of the old charnel house.

Ah! la fleur est bleue
Ah! le bleu de chauffe est bleu
Ah! ce blues que je danse
ne sait plus ce que promet le ventre:
Trois deniers
pour la plus vive passion
pour la passion la plus vive
Où la joue-t-on?
Où l'a-t-on joué?
Mais où l'église a-t-elle ses parvis?
C'est dans l'anti-chambre
de l'évêque de Kin!
Un jet d'eau y lape l'air!

Il sera assis à la droite d'okito
Ah! les juifs savent bien
que ce messie-là fut à vendre
Trois deniers,
Le ventre.
A vendre partout avec cette chaleur
pestilentielle des vieux charniers…

Ah! the flower is blue
Ah! the blue jeans are blue
Ah! these blues that I dance
no longer know what the stomach promises:
Three cents
for the keenest passion
for a passion most alive
Where are they putting it on?
Where has it been played?
And where does the church have its parvis?
In the antechamber
of the bishop of Kin!
There a fountain laps the air!

He will be seated at the right hand of okito
Ah! the jews have it right:
that messiah was for sale
Three pennies,
The belly.
For sale everywhere with that pestilential
warmth of the old charnel house...

Rien n'est plus seul que le ventre—
et le cœur!
Seul de cette solitude
dont les saillies écorchent les plaies vives ;
arrachent les dents de lait
dès la première désillusion du cœur!
Il faut être du côté de ces musiques
d'où dégouline le sang
alors que l'on ne vit jamais
l'âme se répandre avec le sang
à Kin!
Or que le ciel soit sale de ce floconnement
seuls des squelettes ardents
sont sûrs de ne pas répondre à l'appel
or moi je suis armé à blanc
pour me perdre dans le moindre assaut
du rire
ou dans ces musiques
d'où dégouline le sang
à Kin!

Nothing is more lonely than the stomach—
and the heart!
Lonely with that solitude
whose flanges rip the skin off wounds;
yank out the milk teeth
at the heart's first disillusion!
You have to side with those musics
that drip blood
but we've never seen
the seep of soul and blood both
at Kin!
Now that the sky is soiled with this fleece
only the ardent skeletons
are sure not to answer the call
while me I'm armed with blanks
to lose myself in the slightest attack
of laughter
or in the music
that trickles blood
at Kin!

Un nourrisson fait danser ses doigts
pour m'apprendre à me taire sur sa vie.
Or ma tête cogne à tous les gongs,
or mon ventre n'est chaud que de vin!

S'ouvrir le nez n'est acte héroïque
que si les bouches se croisent les lèvres
que si le désir soudain feu d'artifice
ne dit plus rien à mon cœur
sinon qu'un vertige d'où je tombe
sur les orties, sicaire ou mutiné
à Kin!

La danse a la meilleure langue
en laquelle faire de deux corps
les deux membres d'une phrase
dont il faut écrire au plus que parfait
le verbe aimer!
Même à Kin où le sang
a je ne sais quel cours:
Est-ce l'aune le dollar?

A babe wiggles his fingers
to teach me to hold my peace about his life.
My head clangs on every gong,
while my stomach is warm from wine only!

Keeping your nose open is heroic
only if everyone's mouth has its lips crossed
or if the sudden fireworks of desire
no longer say anything to my heart
save this dizziness that drops me
onto nettles: assassin or mutineer
at Kin!

Dance has the best language
for making two bodies
into the limbs of a sentence
whose verb to love
is always pluperfect!
Even at Kin where blood
has who knows what closing price:
is an ell the same as a dollar?

Puis les bras!
Puis les avant-bras!
Puis les jambes!
en plus des pieds!
Puis d'autres membres.
On eut beau remonter de
la racine aux clairières, on
attendit le tronc pendant
trois refrains!

On m'appelle
Je descends dans mes pieds
pour être un pas anonyme
dans la suite de sa passion.

Non.
Avec le ventre, ramener tous les regards
à la souplesse unique de ma voix
vous donne la clé:
un sourire en pétales mauves
et le sang et le sang et le sang
indiscontinu, mélopée
échappée de cette bouche pourrie
par les chaleurs de ce ventre!
On m'assure qu'il fut ventriloque
alors que les chacals se liguèrent
avec qui l'on sait,
dont la denture gloussait,
dans une morsure,
dans une morsure verte,
dans une morsure de trois toises
valant un dollar l'aune
et non une couronne d'épines
à Kin!

Then the arms!
Then the forearms!
Then the legs!
besides the feet!
Then other members.
It was no use our climbing up
the root to the clearings; we
waited three long refrains
for the trunk!

They call me
I descend into my feet
to be an anonymous step
in the suite of its passion.

No.
Along with the stomach, bringing every gaze
back to the suppleness of my voice
will give you the key:
a smile of mauve petals
and blood and blood and blood
undiscontinuous, recitative
wafting from that mouth rotted
by warm airs from the stomach!
They assure me it was a ventriloquist
while the jackals aligned
with those we well know,
whose teeth gurgled,
in a bite wound,
in a green wound,
in a fathom's bite wound worth
a dollar an ell
and not a crown of thorns
at Kin!

Qu'est-ce Kin?
Kin est la ville
où le fleuve a la main
sur mon cœur.
Kin c'est du côté de Kalina .
Le bateau s'en va
les cales ont une odeur de sueur
N'attends pas le pain
ni le cœur ouvert, ni la bouche en sang
mais le poing déchiré
par un éclat de rire
qui lui compte cinq doigts
sans plus de poison vif

Or dès les battements du tambour
on se le répète à Kin:
Le chant se drapa
de son visage!
Son cœur bâilla des deux ventricules
sur la cinquième avenue!
Le monde s'accroche à une goutte d'eau
dont les lèvres retiennent
du chant les haillons seuls.
Il dit:
je donne à mes frères leurs yeux propres.
Il dit:
je dis à la femme
de ne vêtir son ventre
que de grelots ;
de laisser aux seuls grillons
le soin de grignoter la nuit ;
au sucre chaud le soin de violenter l'aube;
au sable le soin de peindre les vents hostiles
à la mer le soin d'être docile à ton ventre…
Il dit:
Je dis: non!

What is Kin?
Kin is the city
where the river has its hand
on my heart.
Kin is by Kalina.
The boat pulls out
the holds stink with sweat
Don't wait for the bread
nor the bared heart, nor the bloodied mouth
but the fist torn
by a burst of laughter
that counts off five fingers
with no poison left that works.

And ever since the drumbeats
we tell ourselves at Kin:
The song was bannered
with his face!
His heart gaped with both ventricles
on the grand avenue!
The world grabs on to a water drop
world whose lips retain
only shreds of the song.
He says:
I give my brothers their own eyes.
He says:
I tell women
to gird their bellies
only with bells;
to leave to crickets only
the worry of nibbling away night;
to warm sugar the task of assaulting dawn;
to sand the task of painting the hostile winds
to the sea the care of rolling docile to your stomach...
He says:
I say: no!

CHANT POUR PLEURER UN COMBATTANT

SONG FOR MOURNING A SOLDIER

Ne pleure pas.
Marche debout!
Il est mort le dos au vent
Retourne-lui le ventre:
s'il a le ventre dur
c'est qu'il est mort debout!
                    Ne pleure pas.

Marche debout!
Frappe ton ventre au sien
Il ramollira le tien
comme la soie du drapeau
Fais-le, toi, qui sais rire!
                    Ne pleure pas.

Marche debout!
Pour rire longtemps,
Il faut avoir le ventre aussi souple
que le ciel de Kin en juin 60!
                    Ne pleure pas.

Marche debout!
Quant à toi prends-lui les dents:
Qui a la dent longue, a bonne vue.
Il n'y a pas que les étoiles
qui tombent ce soir avec le glas!

Don't cry
Walk tall!
He died with his back to the wind:
Turn him over
and look at his stomach:
if his stomach is hard
it shows he died standing!
                Don't cry.
Walk tall!
Smack your belly on his
It will soften yours
like the flag's own silk
Do it—you who laugh best!
                Don't cry.
Walk tall!
To laugh a good long time,
You need a stomach tender
as the sky over Kin in June 1960!
                Don't cry.
Walk tall!
And as for you, get his teeth:
He whose tooth is long, sees all.
It's not just stars
that fall in this evening's knell!

Marche debout
Ne pleure pas!
Et toi qui n'as pas assez
des fesses de yenga lucie
veux-tu son sexe?

Il est dans chaque nuage!
Marche debout,
Ne pleure pas!

Et toi qui as la bouche
la bouche en porte-voix
dis au monde: nous dansons
nous dansons de tristesse ;
de tristesse, le ventre
le ventre près du sien!

Walk tall
 Don't cry!
And you, not sufficiently endowed
with Lucie Yenga's ass
would you like her sex?

Behold it in every cloud!
Walk tall,
Don't cry!

And you with mouth
with mouth like megaphone
tell the world: we dance
we dance from sadness;
from sadness, our belly
belly pressed to hers!

Oui,
son cœur bâilla
de ses deux ventricules
sur la cinquième avenue.
Je n'ai pas suivi son sang
à la traîne de cette conga!
Mais j'entrai dans une boîte
et je me fermai la porte dans le dos
Un jazz au whisky!
commandai-je au garçon
qui, du shaker, sortit
un halo de plumes
que je me cherche dans le dos.
Amèrement , je me dis:
Finalement le sang est trop court
tant qu'il faut étendre
]a ligne du combat
au sang de l'ennemi.
L'amour désole.
L'amour tue.
L'amour s'en va
Quand fut-il dit
que le ventre reste?
A Kin, c'est pécher d'y croire!

Yes,
his heart gaped
from both ventricles
on the grand avenue.
I didn't follow his blood
in that conga line!
But I entered a dive
and banged the door on my back
A jazz with whiskey!
I ordered from the 'keeper
who, from his shaker, produced
a halo of feathers
and I pluck them from my back.
Bitterly, I tell myself:
In the end blood is too short—
so long must we stretch
the battle line
to meet enemy blood.
Loves desolates.
Love kills.
Love goes away:
When was it decreed
that the belly remains?
At Kin, to think so is a sin.

Il tombe avec les fléaux:
Puis quatre ou six planches
les compagnons sont dehors
à moins qu'une fosse commune
sous le mince éboulement de terre
à peine pour égarer le sexe
dans tous ces cris…
alors que mon ventre n'est chaud
que de vin!
Il tombe avec les fléaux!

Oui! (Un oui strident
pour ce ferraillement
d'âmes, d'axes et de flots!)
Flamenco funèbre pour lui!

Ou litanies! Litanies pour onguidés
Saint Pian, ora pro nobis
Saint Equateur-Lès-feux de brousse
Sainte Absolution aux trois narines
Saint Piastres pour Hanoï
Mes bondieuseries: Le pétrole
l'opium, certaines vitres près du
vieux port d'Anvers, le nouveau Graal!
Ora pro nobis!
si le Oui déchire la gorge du ramier!

He falls with the roof beams:
Then four or six planks
His friends are outside
unless in a mass grave
under thin slides of earth
hardly enough to stir a man's member
among all these cries...
while my stomach is warm
from wine only!
He falls with the roof beams!

Yes! (A strident yes
for this clanking
of souls, axes, floods!)
A funeral flamenco for him!

Or litanies! Litanies for clawed species:
Saint Yaws, ora pro nobis
Saint-Equator-of-Brushfires
Saint Absolution, three-nostrilled one
Saint Piastres for Hanoi
My pieties: Gas,
opium, certain panes down by
the old port of Anvers, the new Grail!
Ora pro nobis!
if this Yes might tear the pigeon's throat!

Ah les juifs savent bien
que ce messie-là fut à vendre!

Que l'élément essentiel du chant
soit le sable
et qu'enduit de salive tout tienne
et que les équinoxes flanqués de méduses
aillent bêlant sa mort
et qu'enfin la mort ou le sang
tout dilué imageant le pus,
les frères se mordent le souvenir
qu'ils ont d'une même paternité
puis édictent le port du ventre en berne, quelque
chose qui corresponde au livre que je puisse brûler
dans un délire fasciste,
à la fin à Kin? ora pro nobis…

Je n'enlèverai que la langue du corps
pour le supplicier sans remords
dans les braises d'un alcool d'or.

Mais le ventre a tellement
cette chaleur pestilentielle
des vieux charniers, que je n'y tiendrai pas!

Ah the Jews well knew
that messiah was for sale!

That the essential element of song
is sand
and that imbued with saliva all will hold
and the equinoxes flanked by jellyfish
go about bleating his death
and that finally with death or blood
diluted unto pus,
brothers gnash each other's memory
though it comes from the one father
then decree half-mast for the stomach's harbor, a bit
like the book I might burn
in a fascist delirium,
when all is said! at Kin? ora pro nobis...

I'll take only the tongue off the body
to torture it without remorse
in embers of golden alcohol.

But the belly having so strong again
that pestilential warmth
of the old charnel houses, I won't insist on it!

Pas plus de limite que ça
du ventre à la tombe.
La joie comme le sang
connut le chemin tortueux
des rigoles de Kin!

Pas de rhum,
un whisky au jazz à plein bord!
L'incommensurable
la trois fois incommensurable
épaisseur incommensurable
de mes lèvres
vous cache ce rayon de lune
parce que l'audace vous manque
pour en venir jusque-là
dans votre désir de viol
aussi ce sang vous échappera-t-il
parmi les fûts de canon!
Parmi les flèches du rire!

Que vais-je choisir
le vin ou le baptême?
Viendra-t-il des temps où
l'eau vive absoudra l'homme
dont une fleur disloque le cœur?
Je ne sais plus.

No more limits than that
from the womb to the tomb.
Joy like blood
knew the tortuous path
of the little creeks at Kin!

No rum for me,
but whiskey-jazz to the rim!
The immeasurable
three times immeasurable
thickness immeasurable
of my lips
keeps from you this ray of moon
because you lack the boldness
to come this far
in your desire for rape
thus will your blood escape you
among cannon wheels!
Among arrows of laughter!

What will I choose
wine or baptism?
Will there come a time
when running water absolves the man
whose heart is displaced by a flower?
I no longer know.

Non, je ne sais plus être logique
avec tant de cils à mes paupières
au point que je ne décille pas à sa mort!

Je dialogue avec ce qui est pollué en moi
de chrétien et non de sauvage.
Et pourtant j'étais de toutes les immondices—
nègre à me noircir l'âme de tous les deuils.

Christ, païen, putain, poète,
fonctionnaire, sans bras,
devant mon dos,
le ventre sur la bouche!
J'étouffe: je fais mon dernier effort:
j'épaule ma mémoire
et je tire dans le blanc des yeux!
Soudain qu'ils soient ceux d'une femme
c'est moi qui meurs,
sinon, ouvrir un ventre de femme
c'est ouvrir une tombe
ou la ronde pour une conga des mutins.

No, I'm no longer logical
with so many lashes on my lids
that I don't unblink upon his death!

I dialogue with the pollution in me
the Christian and not the savage.
And yet I was made from every sort of refuse—
negroid and blacking my soul with every mourning.

Christ, pagan, whore, poet,
bureaucrat, armless,
lodged before my back,
stomach on my mouth!
I can't breathe: one last effort:
I shoulder my memory
and fire in the bull's eye of that gaze!
If suddenly these are a woman's eyes
it is I who dies,
if not, opening a woman's stomach
is like opening a tomb
or the roundelay for a conga of mutineers.

Or la conga des mutins,
les jacinthes d'eau
blanches du blanc de tes yeux
blanches des plis blancs
du crime anonyme,
c'était à Kin
pour la rumba
que je danse du torse
que tu danses des reins—
les feulements d'un rhum
t'excitant jusqu'à l'aube—
C'était à Kin
Un peu de poivre manquait à l'éclipse:
Ils eurent tous éternué
afin que tout fut à leur souhait
et qu'un mage ferme les mains
à leur délire!

Now, the mutineers' conga,
the water hyacinths,
white like the whites of your eyes
white like the white folds
of anonymous crime,
this was at Kin
for the rumba
that I dance in my torso
that you dance with your hips—
the yowls of a rum
that inflames you till dawn—
This was at Kin
The eclipse lacked a mite of pepper:
They had all sneezed
so that all might be blessed
and a magus would close his hands
on their raving!

Je répands ici mon verre
—Je ne sais qui a plus soif que moi
qui avec ses lar mes assainit les
yeux enva his par l'herbe noire de
ces temps noirs.

De quel équilibre parlent ces oiseaux?
est-ce de celle d'une souplesse des reins.

Le ci-devant a le culot d'être pape
avec un charnier aux remugles doux
dans l'œil gauche de son âme!
Depuis le schisme le pape est d'occident.
Il ne miaule pas avec les chats
dans leur bain de lune sur les toits.
Ses doigts qui ont la fraîcheur des anguilles félines
tirent des coups de fusil
parce que des cabris toussent dans les cours…
Ils le tuent .
Et moi le zombi, je tape sur le cuivre
pour enchaîner les débris verts
de son cadavre
au cou de toutes les mémoires.

Here I spill my glass
—Anyone is thirstier than I who
with his tears purifies the eyes
invaded by the black grasses of
these black times.

What balance are these birds talking about?
it could be what comes from supple loins.

The formerly pope has the nerve to be pope
with a charnel house and soft must
in the left eye of his soul!
Since the schism the pope is of the west.
He howls not among cats
in their moon bath atop the roofs.
His fingers fresh as cat-like eels
squeeze off rifle shots
because young goats cough in the courtyards...
They kill him.
And I the zombie, I hammer the brass
to link the green remains
of his corpse
on the neck of all memories.

Chacun meurt seul comme il peut,
moi je me loverai dans le cratère
d'un volcan en pâmoison
sinon je me diluerai
dans les refrains du chemin
Et si jusqu'au bout du chemin
le cœur pouvait me rester
je ne vois pas pourquoi
mon sang ne serait pas du flot
sous cette arche arrachant
au déluge de mon passé humain,
au visage que m'a donné chaque agonie,
le signe de croix ou le port
d'où nous partîmes
à la recherche d'un ventre commun
nous préservant de la fosse commune!

Faites que le sang m'inonde
mieux que les feux de brousse!

Partout fusent les biches
qui ont déjà les feux dans l'œil;
Elles ont la mort lascive, les biches.

We all die alone however we can,
as for me I'll coil in a volcano's
swooning crater
or dilute myself
in the path's refrains
And if my heart stays
till trail's end
I don't see why my blood
can't join the flood
beneath this ark, snatching
from the deluge of my human pasts,
from the face each agony showed me,
the cross or port's beacon
we sailed from
(we sought a belly in common
to save us from the mass grave!)

Make it so blood swamps me
—better blood than brushfire!

Everywhere the doe flash
fires already in their eyes;
these deer, they have the knack of dying lewd.

Appuyer sur l'i du cri ou du crime
jusqu'à l'ivresse,
et des clairons vous réveillent
et vous conduisent seul dans l'arène.

Kitona ou Kamina
Congolais!
Le sang le sang le sang
roule avec des tambours funèbres
La lune déploie le linceul ;
le muezzin ne peut plus rien conjurer
encore moins sa mort accomplie
avec l'application de l'écolier
qui écrit l'o de l'oméga
ou de l'étonnement, les yeux écartelés!

Son dernier trébuchement
est un pas de twist
et quand il tombe sans fracas
c'est à cause de sa mort lascive

Chacun meurt seul comme il peut…

Lean on the i of the cries or the crime
until you're drunk,
and bugles wake you
and bring you into the arena.

Kitona or Kamina
the Congolese!
The blood blood blood
rolls with funeral drumbeat
The moon unfolds the shroud;
the muezzin can conjure no more
still less his death brought about
by the toil of the student
who writes the o of omega
or of astonishment, his eyes torn wide!

His last stumble
is dancing the twist
and when he falls with no crash
it's because his death is lascivious

We all die alone however we can...

Le sang par rigole
le sang par canon
le sang par cataractes
le sang par le prochain rapide
le sang par conga
Compact à tout obstruer:
le retour à l'étiage
ou le surplus au quota!

On sait que
les uns y laissèrent leur oreille dure
d'autres leurs poignets raides
d'autres encore leurs pieds palmés
un jus d'aloès au ventre les torturant
eux les pénitents,
eux les sanguinolents…

Puis le soleil apparut
les cornes debout toutes
le tnt aux naseaux
il nous remit l'âme à la bouche.

Blood by the creek
blood out of canons
blood over falls
blood in the next rapids
and a bloody conga
Dense enough to block all things:
return to a trickle
or overflowing the quota!

We know that
some left a hardened ear there
others their stiff wrists
still others their webbed feet
an aloe's sap torturing their bellies
those penitent,
the blood-stained...

Then the sun came out
its horns straight up
TNT in its nostrils
and put our soul back in our mouth.

Et ce n'est jamais la débâcle!

Ah! que le cœur est sombre
jusqu'au désir qui dilue le sang!
Ce soir mon désir ne sait des ténèbres
que cette odeur des plaies au cumin…
et puis il pleut à verse
dans l'orbe du cœur
et ce n'est jamais la débâcle!
Cette trame de mon cœur
est-elle tenue pour vos mains?
Elles glissent et rien ne les retient.

J'ai vomi le délire et la joie ;
le miroir me montre un crâne
que je ne comptais pas avoir de si tôt
ni de cet an.
Vais-je dévorer les monstres
un à un l'âme d'abord?
Une âme aux angles courts
dans certaine géométrie de l'espace
d'un baiser
donne des cannes en laiton aux elfes
des cannes qui leur trouent les mains
à chaque appui qu'ils y prennent:
Et ce n'est jamais la débâcle!

And it's never a debacle!

Ah! how somber the heart is
unto the desire diluting your blood!
This evening my desire only knows,
of the darkness, the cumin scent of wounds...
and then a downpour
in the orb of my heart
and it's never a debacle!
This weft of my heart
is it stretched for your hands?
They slip and nothing holds them back.

I threw up delirium and joy;
the mirror offers me a skull that
I wasn't planning on having so early
nor even this year.
Am I to devour monsters
one by one starting with the soul?
A soul with sharp angles
in the geometry of the space
of a kiss
gives canes of brass to elves
canes that gash their hands
with each leaning step:
And it's never a debacle!

COMME A MONTSEGUR !

AS AT MONSÉGUR!

Tout mon cœur vous a
porté au ventre.
Et le dos a tourné à quel
Vent? Sauviez-vous vos
Cris des ossements?

J'étais certain de tomber
d'une nouvelle lune à l'autre:
sémillant,
des algues dans ma prise.
Madame Cunégonde
prenez cette pêche
comme vous me preniez
quand j'étais lové en vous
vous aux bras en cratère, en pâmoison!
Mais non! Le silence eut ses poignards.
D'autres gens péroraient à foison
l'écume à la lèvre
sur cette rumeur d'abîme
quand surgit ce cœur en éruption
qui depuis me fait ciller

My whole heart
carried you in its stomach.
And your back turned to
what Wind? Were you saving
your Cries from the bone piles?

I was sure to fall
from one new moon to the other:
glinting,
seaweed in my grip.
Madame Cunégonde
take this peach
as you took me
when I was coiled in you,
swooning, your arms a crater!
But no! Silence had its daggers.
Others held forth at great length
their lips foaming
about the murmur from the abyss
when this erupting heart sprang up
that now has me blinking

Il n'y a qu'à voir mes viscères…
L'aurore à l'olive me colore mon pays
J'escaladerai bien mon visage
pour voir de plus haut l'eau des cimes,
or sur tout visage l'obstacle du nez
n'est pas plus à défier que la chute des corps!
Et pourtant il faut que j'aille en paradis
en prenant mon visage ou ton ventre
pour chemin de traverse!
Adieu la droiture du cœur
j'ai la hure d'un sanglier
dans mon désir de faire l'amour
avec cette glaise
que l'on viole sur mon dos.

You just have to check out my viscera...
The olive dawn colors my land for me
I will scale the heights of my face
to see summits' water from above,
note that on any face the nose obstacle
is no more challenge than these falling bodies!
Nonetheless I must get to paradise
by taking my face or your belly
as a shortcut!
Adieu rectitude of heart
I have the snout of a boar
in my desire to make love
with this clay
they rape upon my back.

Les coliques, les collines, les
colchiques—
les colchiques pas de chez nous—
les colibris, les collapsus, font-ils le
soleil plus véné neux?
Et le Saint-Sang colérique, où le
boire au graal?
Serait-ce à Bruges? Ailleurs vous
dis-je!

Après l'ivresse vint la gueule de bois,
le désordre de mes désirs sur ma bouche
Si l'enfer n'est qu'une peau de banane,
probable qu'il y ait une peau de banane
sur votre chemin…
Le diable, on a beau dire, surtout s'il boite
n'allez pas le prendre au mot.
Je souris avec vous ;
vous jetez une fleur à la roue,
à Montségur,
A Montfaucon,
A à à Antsirabé
A à à Antsirabé
qui sait que j'éternue pour ce nom-là?

Diarrheas, hillsides, crocuses—
crocuses from afar—
hummingbirds, collapses,
do they make the sun more
poisonous?
And hot-tempered Precious Blood,
where to drink it from the grail?
Perhaps in Bruges?
I tell you, not there!

After the drinking there's the hangover
chaos of desires on my mouth
If hell is only a banana peel,
there's probably a banana peel
on your path...
The devil, useless to point out, especially if he limps,
don't take him literally.
I smile with you;
you toss a rose in the wheel,
at Montségur!
At Montfaucon,
A- a- at Antsirabé
A- a- at Antsirabé
do they know I sneeze at that name?

Les morts du pardon
ont plus l'âme en fleurs
que d'entailles l'épée
que de pores le dos du voyant
que plus de neuf orifices le corps
qui tombe à l'âge du Christ
d'une nouvelle lune à l'autre
dès que ce n'est déjà plus la rémission
mais la soumission
de tout ce qui est extrait du ventre!

Telle épitaphe fulgurante où
suppurait un éclat de rire…
Pourtant avec presque des klimbes
aux commissures des lèvres, nous
avions le meilleur enjeu: armer les
fourmis rouges de clairons!

The pardoned dead
have more flowers in their soul
than the sword has wounds
than the pores on the seer's back
than the more than nine orifices of the body
that falls at Christ's age
from one new moon to the other
once it's no longer remission
but submission
of all that has come from a belly!

The searing epitaph where a burst
of laughter suppurated...
However with practically
a radius at the corner
of the mouth, we had the best gambit:
arm the red ants with bugles!

La solitude des voyants
a des gorgones en délire.

Je vois dans vos selles
un cœur déchiré à la main
un dos planté d'ongles crochus
des pointes de feu gravant
sur l'iris de vos yeux le pardon.

Ah j'en écrirai le poème au couteau
comme d'autres piaffent la peinture
du désastre
où des femmes, le sexe à l'envers
s'enflent les joues de semences
dans un paysage où une pluie d'hosties
pave le ciel de flaques d'amibes
afin que s'y couche le dos
qui est planche de salut
sous prétexte qu'il faut un martyr
à chaque cause.

The solitude of the seers
has gorgons raving.

I see in your saddles
a heart ripped by hand
a back planted with crooked claws
the tips of flames engraving
pardon on the iris of your eyes.

Ah I will write the poem with a knife
as others trample the painting
of disaster
where women, their sex upside down,
swell their cheeks with seed
in a landscape where a rain of hosts
paves the sky with amoeba puddles
as a place of rest for the back
which is life raft
on the pretext that every cause
needs a martyr.

Ainsi les lendemains de l'homme
prennent leurs engrais
dans les charniers de la soumane
ou d'ailleurs, dans les délices ressucés
et moi ma solitude ses engrais
dans le refus
d'être un cœur déchiré
à la main
ou même au couteau.

Que la main seulement tienne le manche
que les dents retiennent le souffle.

Ne donnez pas
tant que vous n'êtes pas sûr
que ce que vous donnez
tombera dans un cœur.
Ne demandez pas
tant que vous n'êtes pas sûr
que ce que vous demandez
peut vous être donné.
Méfiez-vous de toute générosité,
défiez-vous d'où qu'elle vienne.
Le don de soi est encore
une forme de suicide!

Thus the tomorrows of man
find their fertilizer
in the charnel houses of the soumane
or elsewhere, in delights sucked again
and me, my solitude finds its fertilizer
in the refusal
to be a heart that is torn
by hand
or even by the knife.

May the hand only hold to the handle
and the teeth hold back the breath.

Don't give
as long as you are not sure that
what you give
will end up in a heart.
Do not ask
as long as you're not sure that
what you ask
can be given.
Beware of all generosity,
distrust where it comes from.
The gift of yourself
is still a form of suicide.

Qu'ai-je jamais eu à perdre
la patrie en danger? Jamais!
On a toujours vu que le feu rejette
les ombres des corps qui lui font
cette morsure aux lèvres dès l'aube.

Le tout à gagner
n'aura que des cicatrices.

On dit que le cœur
déchiré à la main
est plus délicat
qu'une foison d'astres ;
mais vous,
quel poison vous a coûté
ce cou de buffle triste?

Va
Va va
au golgotha
le ventre nu devant!
J'ai déjà la bouche sucrée
de tous les mots d'amour
qui vont pleuvoir de ta peine.

What have I ever had to lose
with my country in danger? Impossible!
We have seen always how the fire rejects
the shadows of bodies that mark its lips
with a bite as dawn breaks.

The whole thing will have nothing
to gain but scars.

They say a heart
torn by hands
is more delicate
than myriad stars;
but you,
what poison cost you
that sad neck, that water buffalo neck?

Go
Go go off
to Golgotha
bare stomach leading the way!
My mouth is sugared already
with the love words
that will rain from your grief.

LE FESTIN

Je m'interdis
aux fines bouches
en poésie.

THE BANQUET

I forbid myself
to the gourmets
of poetry.

Le soleil soudain ruisselait, quel
cœur avais-je alors? J'avais la
molaire d'un can nibale converti et
buvais dans les calices les délices
d'une agonie qui me porte au vice.
La noblesse dans le rire comme ça,
à blanc!…

Je ne veux venir que du vivier
afin qu'il ne soit jamais dit
qu'à l'heure dite il manqua
pour ce festin la marée puis le feu
que la chair seule donne au cœur.

Le cœur
sera-t-il debout
sur les épieux?

Suddenly sun was streaming,
and what heart had I then?
I had the molar
of a cannibal convert and
from chalices I drank
the delights of an agony
leading me to vice.
Nobility in your laugh—
just like that, shooting blank!..

I want to come from the fish tank only
so it can never be said
that at the appointed hour this banquet
lacked the tide and then the fire
that flesh alone gives to the heart.

Will the heart
stand tall
on spear points?

même si je criais
je ne veux pas mourir
c'est lubie de poète
je ne sais déjà plus
affronter le soleil
déjà mon ombre est froide.

Que jusqu'au bout de la passion
l'on ne puisse tenir la corde
bout à bout
au cou de l'esclave
dont la voix est pieuvre
n'explique en rien
l'éclat de ce feu de brousse
sur mon crâne naguère mélomane
Un python y trônait!

Que l'on vienne flairer mes mains
on verra, si, grâce aux tournesols
la viande de cette curée
n'embaume pas les délires
ou les vertiges d'un soleil ivre
ivre parce que le pays pique une tête
tête qu'il perd à chaque fois
qu'un cil nu tombe des paupières
cil que noie une sauce aux câpres
trop longue pour une promesse
faite à l'eau qu'on ne la boira
qu'à la source les mains jointes!
Mais kyrié pour qui?

even if I cried out
I don't want to die
it's just a poet's whim
already I know not
how to stand to the sun
already my shadow is cold

Just because you can't hold the rope
till the end of passion
end to end
around the neck of the slave
whose voice is tentacles
in no way explains
the glare of this brushfire
on my once music-loving brain
A python once reigned in it!

Come sniff my hands
and you'll see that, thanks to sunflowers,
the flesh of this quarry
embalms all delirium
or the swooning of a drunken sun
drunk because this country stings your head
a head that is lost with every
bare lash that falls from an eyelid
lash that dilutes a caper sauce
sauce too long for that promise
made to the water, that it would only be drunk
at the spring, and with cupped hands!
So, kyrié for whom?

On se dit: plus le lit sera large
plus l'oreille perdra les feulements
que des amours hostiles répandent
bave devant sur les deux rives!

Ecartelez! écartelez!
Un carcan en guise de proue est folie!
Que le flot ne soit la laisse à son âme
est folie est folie est folie!

Ils dodelinèrent.
Où le calumet? Donc fumons l'herbe.
Soit, mais sans qu'il y ait
de draps au lit?
que le sang enlise les jambes?
Et lui qu'on le condamne
à boire le ciel dans cet œil…
que les jambes obstruent le sang…
La douleur est sage-femme, allez!
Oui! Jusqu'où ai-je suivi la dérive?
On m'a dit que je pouvais partir
or soudain l'horizon n'a offert
qu'un désert de squelettes blancs
pour toute clarté à la nuit
que je traîne à ce festin.

We tell ourselves: the bigger the bed
the more the ear misses jungle roars
spread by hostile loves
as foam builds on the riverbanks!

Tear apart! Tear all asunder!
A pillory to serve as prow—madness!
That the torrent isn't leash to its soul
is crazy crazy crazy!

Their heads bob.
Where's the pipe? So we'll smoke straw.
Fine, but with no
sheets on the bed?
with no blood engulfing legs?
And let them condemn him
to drink the sky through that eye...
may legs dam the blood...
Pain is a midwife, oh yes!
Yes! How far did I follow the drift?
They told me I could leave
yet suddenly the horizon showed only
a desert of white skeletons
for the meager night glow
I might drag to the banquet.

Dormir, dîner, sous le ciel jamais vert!

Il y avait aussi la rage au menu.
Et nous montrions nos fesses à la lune
comme ces vierges honteuses de leur sang
qu'elles perdent sans jouir
à s'enfler le ventre!

Ma rage est garce.
Le soleil me désarme
mes yeux bavent des glues
les mouches qui s'y collent
ajoutent de l'arsenic à ma rage

Mes viscères se syndiquent
à l'ordre qu'on y trouvera
la débâcle est à craindre!

Les milices sur le pavé
et les putains ministres
ministres du culte
d'un christ en cache-sexe
sous mes calebasses de vin de palme!

Et les tribus casquent!

To sleep, dine, beneath the never green sky!

Also on the menu: rage.
And we showed our ass-cheeks to the moon
like virgins ashamed of the blood
they shed without coming
to swell their bellies!

My rage is such a slut.
The sun disarms me
my eyes drool bird-lime
flies pack them
adding arsenic to my rage

My viscera are unionizing
on orders to be found within
debacle is still possible!

Troops have hit the street
and the whore ministers
cult cabinets
of christ in a g-string
under my gourds of palm wine!

And the tribes shell out!

Les prophètes se fustigeaient.
Moi je complains:
Avec donc quel métal
ma gorge est forgée
au point qu'elle ne se rompt de rage?

Il y avait aussi la rage au menu!
Les rotules ne servant plus
à désarticuler le corps
donnèrent l'assaut
or leur trajectoire plus longue
qu'une saillie de salive
le choix fut:
ou le combat ou l'opprobre
Il fut aussi question d'âme
après que le flot descendit la gorge
en marmonnant des litanies;
or je demandai des bras plus ouverts
au chant du rossignol.

Le temps me froisse le corps
ride après ride
avec un sang plus lent.

The prophets were flagellating.
While I plead:
Of what metal
is my throat forged
that it doesn't crack with rage?

Rage was also on the menu!
Knee-caps—no longer any use
for disjointing the body—
launched an assault
and their arc longer
than a blast of spit
the choice was:
either combat or shame
It was also a matter of soul
after the flood went down the throat
muttering litanies:
now I demanded arms more open
to the nightingale's song.

Time creases my body
wrinkle upon wrinkle
with a somewhat slower blood.

Les litanies, les perles de verre,
les crématoires, la pacotille
mon siècle a tout inventé
même des poètes dont la bouche
est un point final sur le silence
des vagues sur certaines plages mondaines.
Tout inventé sur mon dos.

Que l'avion soit le christ en croix
ou l'ombre du crime sur Cuba
seul varie le sens que je donne
au mot amour
quand d'autres se saignent la gorge
et laissent leur sang se tordre les côtes
dans les rigoles jusqu'aux méandres
qui donnent de l'allure au destin
du côté de Kin.

Litanies, fake pearls,
crematoria, gimcrack
my century has invented so much
even poets whose lips
put a period at the end of silence
waves on various mundane beaches.
All invented on my back.

Whether planes are christ on a cross
or the shadow of crime over Cuba
all that changes is the meaning I give
the word love
while others bleed themselves at the throat
and let their blood split its sides in laughter
unto the winding streams
that give destiny its pace
over on Kinshasa side.

Et puis nous les frères du même désir
partageant le même art de fleurir
les tombes de nos victimes
savons-nous quelle mer à marée basse
laisse ce sable sur ma cervelle
crissant sous les pas de cette inconnue
qui me fuit l'âme en fleur.
Elle est aussi fluide que l'huile de ricin
quelle que soit la lampée
que j'en prends
je ne vomirai pas la grenaille
qu'il eut au ventre avec la mort !

Le nirvana! le nirvana!
Hosanna! hosanna!
Cette âme bannie clapote
tout le long du roulis!
Tous les yeux s'arment de socs.
Au loin après le ressac
la forêt gorgée de lait suppure
Une libellule étonnée bat des cils
que l'on déporte même les ornières—
Et que dire des semences?

And then we brothers of one desire
sharing the same art of flowering the tombs
of our victims
can we know what ebb-sea
leaves this sand on my brain
crunching under the tread of that stranger
who flees from me, soul a-flower.
It is as fluid
as castor oil
whatever gulp
I take of it
I won't vomit the grapeshot
its stomach held before death!

Nirvana! Nirvana!
Hosanna! Hosanna!
This banished soul laps
all along the swell!
Every eye is armed with a ploughshare.
Far off, after the undertow
the forest suppurates gorged on milk
A stunned dragonfly blinks—
that they carry off even the ruts—
And what of the seed?

Chaque fourmi a sa charge de grains
pour d'interminables déroutes
déjà la route rompt les pieds
plie chaque ombre au niveau du ventre.
Tous les yeux s'arment de socs;
un lézard glousse d'hésitation;
Je ne parviens à tatouer
sur mon nombril
que ce à quoi me liait
mon cordon ombilical.

Cette origine-là
est par trop viscérale.

Soleils et pigments
désormais sans douleurs
dissolvent cinq petits pains d'orge
mais des nuées d'oiseaux
après la becquée du grain
posent sur un itinéraire
des fientes qui sont semences d'arbres
et la brousse à nouveau vierge
couvre de son ventre pur
notre retraite aux flambeaux.

Each ant bears his load of grains
over endless barricades
already the road cracks his feet
bends every shadow down to stomach-level.
Every eye is armed with a ploughshare;
a lizard clucks and hesitates;
I succeed in tattooing
on my navel
only what the cord
tied me to.

        These origins
        are far too visceral

Suns and pigments
colorless from now on
dissolve five little barley loaves
but clouds of birds
after their beakful of grain
leave, along one route,
droppings making seeds for trees
and the bush, virginal again,
covers with its pure stomach
our torch-lit retreat.

La mort à l'usure à peine vivant!
Non. Mon cœur ne vous fera pas vivre
deux fois chaque nuit de sabbat.
Soudain le soleil prend un masque
où les sabres turcs figurent les yeux
d'un visage à nouveau vivant.

Le désir me ferme les yeux:
mon ventre tombe du sommeil
éclate sur une masse d'hommes
Il devient une source
tout au long du flot
Il les rassure
et doucement il les mène à la mer.
Là, toutes les agapes qui sont sur des écueils
depuis les caraïbes, qui sont sur les amers…
Depuis, les neiges du Kilimandjaro
éclaboussent les bouches.
Dans le sable il y a les miettes
de leurs ossements blancs
qui pour les moellons font les parois
de l'œuvre plus charnels.
et mon amour du corail un spiritueux
qu'on ne vous prescrira jamais
à ce festin
si ce n'est pour un levé de boucliers!

Death by slow usury!
No. My heart won't bring you to life
twice every Sabbath night.
Suddenly the sun puts on a mask
where scimitars are the eyes
of a face that lives again.

Desire shutters my eyes:
my belly tumbles from sleep
bursts over a mass of men
It becomes a wellspring
through all the flood
It reassures them
and guides them gently to the sea.
There, all the feasts enjoyed on reefs
since the caribbean, pointing on to the landmarks...
Ever since, the snows of kilimanjaro
splatter every mouth.
In the sand are the crumbs
of their white bones
that in the building-stones
give flesh to the walls of the work.
And my love for the coral is a liquor
they will never prescribe you
at this banquet
except in a brandishing of shields!

LES CORPS EN FRICHE

FALLOWED BODIES

Je pense à un livre qui sent le cœur
où rien ne vocifère où tes cheveux
moussent à mes pieds.
0 faites-moi un toit d'ardoises
 de vos mains pieuses!

Laissez-les là où ils sont en friche!
Ils se crevassent. L'eau les éboule.
Les iris les peuplent d'yeux stériles.
Ah! lâchez les ventres à la trousse
de leurs ombres qu'assaillent les flammes.

Que l'amour maternel
ne reprenne jamais du ventre
le corps qu'il donne du ventre…
Que le cordon ombilical rompu
le lien soit deux mains nouées
que l'on dénoue avant l'agonie…
A quoi bon rêver d'un ventre
qui soit aussi une tombe chaude?

Il ne sert à rien
de faire comparaître ici
la mer
qu'on la laisse rouler ses hanches
sur toutes les plages
à l'envie des négriers!

I'm thinking of a book that smells
like a heart where nothing shouts
where your hair masses at my feet.
O make of your pious hands
my slate roof.

Leave them there, lying fallow!
They crack open. Water caves them in.
Irises people them with sterile eyes.
Ah! Abandon the bellies to the satchel
of their shadows, harried by flame.

May maternal love
never take back from the belly
the body given from the belly...
That once the umbilical's torn
the tie be tied as two hands
untied when death approaches...
Why dream of a belly
that is also a warm tomb?

It's useless
to summon here
the ocean
let it sway its hips
on every beach
temptress to slave-ships!

Le ventre et la dépouille
désormais sans dialogue
perpétuent l'état de friche.

Alors qu'il soit question de soc!
Qu'au profit de la nuit
le soleil reste acquis
que l'œuvre assaille
la chair saignée de neuf
par ces éclats de sel
jeté au feu du pardon.

L'amour qui soumet désole
l'amour qui libère condamne:
On voit d'ici de quoi mes lèvres
sont lourdes—de nuit—
sinon lippues de douleur.

A quoi bon rêver d'un ventre
qui soit aussi une tombe chaude?

Au coin d'une rue
j'avais un brasero
et redorais les baisers
que ma rengaine promet tant
qu'il me vient cette haleine de mourant

The belly and mortal remains
from here on have no dialogue
and perpetuate the fallow state.

Now let there come a ploughshare!
May the sun stay fixed
in aid of night
and the task lay into
the flesh newly bled
by the crackling of salt
tossed into pardon's fire.

Love that submits—distresses;
love that frees condemns:
you can see from here how my lips
are heavy—with night—
or sagging with grief.

Useless to dream of a belly
as warm as a tomb.

At the corner of a street
I kept a brazier
and restored the kisses
my refrain has promised
while I still feel this breath of the dying

On ne me compte plus
parmi les volcans…

Le ruissellement
obstinément lent du sang
partout où l'homme est passé
montre que toutes viscères dehors
 le signe augural tue d'être vu.

Parce qu'avec des pointes de piments rouges,
j'eus l'idée de tatouer le soleil
afin qu'il soit de ma seule tribu,
le ruissellement rutilant du sang
inaugura l'ère d'un autre déluge
où des yeux lustrés par un désir triste
pleuvront sur ce ventre
que ma main jusqu'au pubis
ne protégera déjà plus du mal d'amour!

C'est ainsi que le corps
pour lequel onctions et massages
furent prescrits—du dedans les termites—
du dehors les limaces perlèrent
sans combler les crevasses d'ordures.

You'll find me no more
among the volcanos

The obstinately slow
rivulets of blood
wherever man has been
show that with guts spilled
the augur's sign kills when its seen.

Just because with dots of red pepper
I had the idea of tattooing the sun
to make it my tribe's alone,
the glinting stream of blood
inaugurated an era, another flood,
where eyes polished by a sad desire
will rain down on this belly
that my hand stretching to pubis
no longer protects from love-sickness!

Thus the body:
for which ointments and massages
were prescribed—termites all within—
and outside, slugs bunched
without filling the gashes with filth.

Au-dessus de l'œil
l'eau crève les bulles
Un nuage rouge noie ma chevelure
jusqu'au crâne
Un ventre perd une lune après l'autre
et s'en va plus précaire
que cette flamme dans mes yeux.

L'horizon ne laisse plus rien passer.
Le soleil a les tatouages de ma tribu.
Je jette dans ce puits
la clé des sources de nos maux.
Je n'ai plus rien à immoler.
Je perds en bonnes chères
mon dernier soupçon ;
mes bras sont onctueux:
je les tends à tous les horizons
un mur d'anciens ossements se lève,
chante au pas cadencé un chant des partisans.
A ma droite un pan cède
il tombe sur mon ventre
avec ce déluge d'yeux tristes.
Chacun meurt comme il peut
moi en rêvant de corps en friche
à labourer du cœur!

Up above your eye
water pops the bubbles
A red cloud drowns my hair
close on my skull
a stomach loses one moon after another
and goes off more precarious
than this flame in my eyes.

The horizon no longer lets anything by.
The sun bears my tribe's tattoo.
Into the well I throw
the key of the wellsprings of our evil.
Nothing more to immolate.
I waste on fine food
my last suspicion;
my arms are smooth;
I hold them out to every horizon
a wall of ancient bones rises up,
sings with cadenced step a partisan song.
On my right the wall gives way
part falls on my stomach
in this flood of sad eyes.
We each die how we can
me while dreaming of bodies lying fallow
to plow up with the heart!

Ma naïveté, c'est encore un
monde à parcourir à genoux
dans les orties.

La mise en scène indique
qu'à partir du cœur
tracer la parabole du chemin
pour la sagesse des regards.

Face au cri de l'âme
que je renonce à faire chanter,
dans le fruit des mains perdues,
faire partir le cercle
qui enferme le péché dans la chair,
le fermer sur lui-même
pour résoudre les âmes
aux silences brumeux
des prairies matinales.

Sont-ils pudiques
ceux qui meurent enlacés
ventre à ventre et froids?
L'amour n'ayant jamais été
la vengeance que prennent les corps
sur l'âme qui ne s'accouple à l'âme
que dans le feu du désir…
Pourquoi le sang m'a-t-il jeté des sanglots
au visage et au cœur?

Il a le corps plus chaud que l'âme!

My naivety, yet another world
to traverse on my knees
in the nettles.

The stage directions suggest
you start from the heart
and trace the parabola of the path
toward the wisdom of gazes.

Facing the soul's cry
which I refuse to blackmail,
in the fruit of lost hands,
to unclasp the circle
that locks sin in the flesh,
close in on itself
to resolve the souls
in the misty silences
on morning meadows.

Are they modest
those who die embracing
stomach to stomach and cold?
Love having never been
the vengeance that bodies take
on the soul that only couples with the soul
in the flame of desire...
Why has blood hurled these sobs
in my face and my heart?

It's body is warmer than its soul!

Le drame… —Dame!
Le crime… —A Kin ?
Crime: Fixe! —Oui, mais
Les flamboyants ploient
Quoi de moins sûr?

Le drame est joué,
montrer l'ambiance: une salle!
Après le banquet.
Des détri tus, des tessons dans une gorge
qui saillent ; des capsules
des mégots humides.
Un courant d'air balaie le jasmin
obèse et ventriloque
dans ces murs sans lambris
sanguinolents.
L'auteur sait que le drame est joué
à perte. C'est pourquoi à l'affiche
on le voit sanguinolent
et lent à boire sa patience!
Quand la salle est comble
Un haut-parleur annonce:
C'est joué d'avance!
Rideau—Fini! Fini!
Il a le flasque d'un ventre rompu.
Rideau.

The drama... —Mama!
The sin... —at Kin?
Crime: It's locked! —Yes, but
The flamboyants sway
What could be less certain?

The play has ended,
reveal the surroundings: a hall!
After the banquet.
Debris, shards in a throat
poking out; capsules
damp cigarette butts.
A draft sweeps over the jasmine
flowering obese and ventriloquist
in these walls
their panels unbloodied.
The playwright knows the play is played
at a loss. That's why when it's on
we see him bloodied
and slow to drink his patience!
When the theater is full
A loudspeaker announces:
Played out in advance!
Curtain – Over! Done!
He shows the flab of a ruptured stomach.
Curtain.

TORTURES

TORTURES

Avec deux orgelets
deux dans chaque œil
torturez-moi mes yeux!
Avec six gammes mineures
six pour chaque main
torturez-moi mes bras
qui l'enlacèrent folle!
Le cerveau en dahlia
que j'eus de l'avoir vue
nue dans les langes bleus
de ce matin désaxé
qui tond le soleil même…
Quoique dahlia ce cerveau crie
torturez le cervelet:
qu'on y branche deux électrodes!

Qui est couvert de fleurs blanches,
la nue en flammes?
Je puis rire du cœur
pour contraindre le sel à l'eau
l'eau qui nous berça
herbe, algue ou voyant
ou ce ventre à la dérive
dévoyé par cinq continents
à la dérive. A la torture!

With two sties
two in each eye
torture my eyes!
With six minor scales
six for each hand
torture my arms
that wrapped her when she went mad!
My brain, now a dahlia,
got that way from seeing her
naked in the blue swaddling
of this unhinged morning
shearing the very sun...
Though a dahlia the brain cries:
torture the cerebellum:
hook up two electrodes!

Who is covered in white flowers,
while the naked one flames?
My heart laughs
to compel the salt in the water
water that rocked us,
grass, seaweed or warning light
or this belly adrift
cast astray by five continents
adrift. And now the torture!

Ce vieux pus dans l'abcès de ces yeux
qui nous suivent, crie:
le fleuve n'est plus ce coq
chantant le glas qui de nuit
colportait bonne haleine aux vivants
jusqu'à la mort du corps
dans le cœur du voisin
liant au matin noir
l'éclat de leur denture
sans carie! Noir! Ah! ce luxe!

Avec six cirrhoses du foie…
Et puis on fit coucher toute nue
une odalisque lascive
sur une couche de pois de senteur
dans son rêve…

J'entends les orgues;
Des enfants viennent,
ils se tiennent le cœur!
Des enfants qui suent sur une botte
plus géante que leurs soucis
une botte qui promet à leurs fesses
le merci d'un coup fulgurant
comme le pain.
Torturez toute torture!—Jamais!

Old pus in the abscess of these eyes
that track us, shouts:
the stream is no longer this cock
singing its knell and by night
selling sweet breath to the living
until the body's death
in the heart of the neighbor
linking in the dark morning
the dazzle of their perfect
teeth! Darkness! Ah! what a luxury!

With six cirrhoses of the liver...
And then they had a lascivious
odalisque lie naked
on a bed of sweet peas
in his dream...

I hear the organs;
Children come,
their hearts held close!
Children sweating on a hay-bale
bigger than all their cares
a bale that promises their rears
mercy in a blow that flashes
like bread.
Torture every torture! –Never!

J'ai reçu le sang des femmes
avec le secret des pires douleurs
dans le ventre: mais je me tairai.

Soit: mon âme n'est pas
ce que mon cœur m'envie
mais mes pieds: l'un est bot
l'un est bot l'autre cloche.

Torturez! Torturez!

Fait-on des nœuds d'une eau
vive ou lasse ou dormeuse?
Et pourtant
depuis la perte de mes rotules
plus de parvis aux églises
pour la passion du Christ
que l'on joue à huis clos
pas dans le cœur à cœur
ni dans le ventre à ventre
mais chez les juges!
"… *Juges, vous êtes de faux nègres.*"
Que le plus vrai d'entre vous
ne se torture jamais!

I've been given women's blood
along with the secret of the worst pain
in the belly: but I'll be silent.

So be it: my soul is not
what my heart envies me
rather it's my feet: one is clubbed
one is a club and the other isn't quite right.

Torture! Torture!

Do you make knots with a rushing
water or a slack or even a sleepy one?
And yet
since the loss of my kneecaps
no more church steps
for the passion of Christ
played behind locked doors
not in the heart-to-heart
or the belly-bump
but in front of judges!
"... *Judges, you are false blacks.*"
May the truest among you
never torture himself!

FERMEZ LA PORTE, ON MEURT !

On ne fuit
que ce que
l'on a perdu (sic)…
Son âme aussi?

SHUT THE DOOR, WE'RE DYING IN HERE!

You only flee
what you
have lost (sic)...
Your soul as well?

Tout est déjà en berne dans cette ville!
J'irai au suicide à pas de loup.
Et si une porte close sur un pont
me coupait du reste du monde
je dirai ma prière aux mânes
pour sauver l'âme d'un cannibale
et je boirai le fiel
dans cette eau moribonde
vêtue de jacinthes d'eau.

Je laisserai aux grues d'un port
et mes momies et mes coraux
pendus aux langues filigranes
sur les cratères des bateaux ventriloques,
où balles de coton, sucre au cobalt, cuivre
restent muets aux peines qu'ils ne diront,
où les métaux bouillants sont muets
et ne peuvent mouler le dos de nos mains
ni dire que le vent marin
a le teint de mon père.

Le cœur pille ce qu'il aime
et la génisse est mauve d'avoir peur
et moi si nocturne que je vais à pas
de loup jusqu'au suicide!

Je mourrai avant mon dernier lecteur!

All is already half-mast in this town!
I will head for suicide on stealthy paws.
And if a locked door on a bridge
should cut me off from the world
I'll say my prayer to the dead souls
to save the soul of a cannibal
and I'll drink gall
in these dying waters
clad in water-hyacinth.

I will leave to the port cranes
both my mummies and my corals
suspended from shadow tongues
over the craters of ventriloquist boats,
where bales of cotton, blue sugar, copper
stay mute in troubles they'll never tell,
where boiling metals are silent
and cannot mold to the back of our hands
nor say that the sea wind
has my dad's complexion.

The heart loots what it loves
and the heifer is mauve with fear
and I so nocturnal I go on wolf's
feet up to the moment of suicide!

I will die before my last reader!

L'AFFICHE

Demain la lune te montrera
du doigt
Et tu seras sanglante
Va seule à la source
te laver les yeux.

POSTER ART

Tomorrow the moon
will point its finger at you
And you will be bleeding
Go alone to the spring
to wash your eyes.

La forêt au fond d'une cuvette.
Ça s'est vu quand une mer lasse des
écueils dont elle regorgeait,
Est partie
La langue traînant sur le sable fin
De Loango à Loanda!

Sur l'affiche:
Tout un éclat d'abcès mûr!
Le nom de l'auteur
sanguinolait lentement
fit la queue au guichet
anonyme avec des ronds de bouche
sur le visage!
Et pourtant qui est mieux rythmé que lui
dont les deux temps de la marche
sont fort et faible!
Des lois tiennent sa langue immobile!

C'est tout son drame:
Il l'affiche ce soir.
Sur l'affiche:
tout un éclat d'abcès mûr!

The forest at the bottom of a basin.
This was seen when an ocean,
tired of the overflowing reefs,
Departed
Tongue dragging on the fine sand
From Loango to Loanda!

On the poster:
A great burst of ripe abscess!
The author's name
slowly dripping blood
got in line at the box office
anonymous with lip-marks
on its face!
And yet who is better rhythmed
than he, whose two walking beats
are strong and weak!
Certain laws keep his tongue still!

That's his whole drama:
It goes on this evening.
On the poster:
a great ripe burst of abscess!

Les bretelles tiennent leurs
culottes.
Ils ne savent des fusils que les
coups qu'ils reçoivent.

Toute la troupe:
plastron blanc, canne noire,
une dentelle d'œillet sapide
sur la bouche sapide
devant la rampe
se jette de plats silences.

Le drame frit des cauchemars.
L'huile est prise dans la moelle.
Le public reçoit des éclats d'huile
qui l'excitent.
L'esprit canaille de tout public
incite à rire sous cape.

Le décor est un cœur fiché
hérissé d'épieux:
c'est la symbolique de l'amour réaffirmé
dans toutes les latitudes du corps.

Suspenders hold up
the shorts
All they know of rifles
are the shots they receive.

The whole troupe:
starched shirt, black cane,
lace of savory carnation
over the savory mouth
before the footlights
tossing itself bouquets of dull silence.

The play fries up nightmares.
The oil taken from the marrow.
The audience is spattered with oil—
exciting them.
The gutter spirit of any audience
makes them laugh up their sleeve.

The scenery is a pierced heart
bristling with pikes:
this is the symbolism of love reaffirmed
in the body's every latitude.

DES SONNAILLES A L'AME

BELLING THE SOUL

J'en sais qui perdent leur ventre
de peur de ne pas être le vrai nombril
qui fit lustrale une source
un couteau sans gorge à saigner .
un corps sans bail sans plus-value
franc de port!
C'est quand l'humus fait éclore le grain,
et que soudain le ciel roule sur l'herbe
avec des enfants maigres,
emprunte au laurier rose
son rouge à lèvres
précède tout sur le chemin
vend des épices aux nuages
si bien que le cœur éternue
et que le ventre tressaille
à l'idée neuve de l'amour annoncé
et dont on assure que le fruit
n'a nulle part le sceau du sexe…
Donc me tatouer le ventre
à l'image d'un arbre à pain!

I know of some who lose their stomach
for fear they're not the one true navel
that turned a spring into a baptismal font
a knife with no throat to open
a body with no lease no value-added
no shipping costs!
It happens when the loam opens the seed,
and suddenly the sky rolls over the grass
with spindly children,
borrows a lipstick
from the pink laurel bush
goes before all on the path
sells spice to the clouds
so that the heart sneezes
and the belly quivers
and the pristine idea of love made known
and whose fruit is guaranteed
to wear nowhere the seal of sex...
So tattoo my stomach
with the shape of the breadfruit tree!

Qui s'étonne qu'un couteau
n'ensanglante pas une source
dans le giron d'une mère douloureuse?
Il n'y avait plus qu'une eau morte.

Afin que mon poème soit celui du sang,
je m'arme d'un couteau.
Qui tuer à l'appel du sang?
On n'entend plus l'appel,
il est tout couvert de cataractes.

Le couteau ne répond que par le vif-argent
d'une nageoire silencieuse dans le flot
que repousse le sable enfin revêche,
enfin économe de mirage et de fossile.
La mer est loin du corps qu'elle hue!

Est-ce seulement une trahison?
Le destin ne trahit que l'homme
qui n'en fait qu'à sa tête.

Dans quel giron tiendrai-je ma tête au frais?

Who's surprised that a knife
bloodies not the spring
in the lap of a grieving mother?
There was nothing but stagnant water.

So that my poem might be poem of blood,
I arm myself with a knife.
Whom to kill at blood's call?
The call is heard no more,
covered over in cataracts.

The knife replies only through the quicksilver
of a silent fin in the tide
pushed back by a hardening sand,
one that's niggardly of mirage and fossil.
The sea is far from the body it jeers!

Is this only a betrayal?
Fate betrays only the man
who tried to have fate his own way.

In what lap can I keep my head cool?

Dans ce giron,
près de cette source—
mais non!
C'est là que le syndicalisme
me lâche la tête ;
et je tiens pour invraisemblable
que l'eau me trahisse aussi
parce que vous pleuriez
la flétrissure d'une jacinthe d'eau
que j'avais en sautoir
sur le corps—
C'était le signe de mon mandat politique
Cette fleur à mes basques?
Parce qu'elle me vient tout au long
de cette eau?

Je me fais des plaies
à salir l'eau qui me lave l'âme.
Vous étiez droite comme la main
que j'avais sur le courant du feu
qui divise chacun de nos corps
en pétales de nénuphars
partout où le ciel plombe les horizons
qui auraient pu m'ouvrir ce giron-là!

Je boirai l'eau: je glouglouterai
à demain ma tête
Qui a au bas du ventre ce giron-là?
qui a au bas du ventre ce giron-là?

Il arrivera que je porterai ma tête
au mont-de-piété
comme ce ne sera pas pour une trahison
aurai-je de quoi m'offrir ce giron-là?

In this lap,
near this wellspring—
ah, no!
There is where unionism
drops my head;
and I find it improbable
that water too will betray me
just because you bemoaned
the withering of a water hyacinth
that I wore as necklace
over my body—
This was the sign of my political mandate—
That flower at my heels?
Because it comes down to me along
this length of water?

I cause myself wounds
as I soil the water that cleans my soul.
You were straight as the hand
I had on the pulse of the fire
dividing each of our bodies
into water-lily petals
wherever the sky leadens the horizons
who might have opened that lap to me!

I will drink the water: I'll guzzle
away my head
Who has this kind of lap below the belly?
who has this kind of lap below the belly?

It will come to pass that I pawn
my head
since this won't be a betrayal
will I get enough for that type of lap?

Qui a au bas du ventre ce giron-là?
Il arrivera que je porterai ma tête
au chapelier
qui me l'ornera d'une calotte glaciaire.
En attendant, je suis seul à dîner
oui de sardine au fenouil
du cresson aux grenouilles…
Faites taire ce chien!
Répétez, s'il vous plaît -
Je préfère je ne sais plus quoi
quoi de volatile…
Oui, des sardines
sur du fenouil
pas de corps gras
mais des filles au corps liquide
bénédictine qui boivent sec le gin
Rien de vert essentiellement:
Brouter, obéir, non non et non!

Who has that type of lap below the belly?
It will come to pass that I tote my head
to the hat-maker
who will top it with an ice-cap.
Meanwhile, I dine alone:
yes to sardine on fennel
watercress with frog...
Shut that dog up!
Repeat, if you don't mind—
I prefer I no longer know exactly
something volatile...
Yes, sardines
on some fennel
no fatty flesh
but girls with flesh
of liquid Benedictine who take their gin dry
Mainly nothing green:
To graze, to obey, no, no never!

Rien que des sardines
sans tête—même!
Ça! Des scorpions, non!
L'opium plutôt que le homard
à l'américaine—des sonnailles
en avez-vous à l'âme?
Moi, si des sonnailles cubaines:
Négro bembon, négro bembon!
Glouglou glouglou c'est noyé,
c'est ça les caraïbes à la cubaine!
Une mer qui vous bouscule
les entrailles par le nez.
Garçon, un petit sec d'anjou!
Ajoutez sur l'addition
ce que Guillen doit à Lorca
Je paierai le tout d'un rot
d'un rut, mais, est-ce le goût du sang?
Attendez, connaissez-vous quelqu'un
qui ait eu au bas du ventre ce giron-là?
Vite: le Katanga est à vous!
C'est vers les sources du Congo.
Vous ne voyez pas, non?
Alors il arrivera que je porterai
ma tête au mont-de-piété!

Nothing but sardines
Headless—at that!
What a thing! And scorpions, no!
Opium rather than lobster
American style—do you
have cowbells on your soul?
Me, why yes, Cuban bells:
Negro ding dong negro ding dong!
Glug glug glug glug it's all drowned,
there's your Caribbean Cuban style!
A sea that jostles your entrails
down through your nose.
Waiter, a little Anjou, dry!
And add to the bill
what Guillen owes to Lorca
I'll pay with a rumble of the gut
a tumble in rut, but, do I taste blood?
Wait, do you know anyone
who has ever had that kind of lap below the belly?
Quick: Katanga is for the taking!
Up at the source of the Congo.
Don't you see?
So it will come to pass that I lug
my head to the pawnshop!

Les flamboyants ploient, Moi, je
vais d'un chant à l'autre en tâchant
de vivre sans mourir suffisamment
afin de laisser passer l'aube s'il doit
passer sur mon corps.

C'est joué!
Je coltine un visage habillé de pétales.
Le quai attend le train
salle des pas perdus.
La guerre des étrennes
sort des corps aux bras longs.
Je loue ma peau ;
Le nuage qui passe fait un pied de nez au soleil
ce jour de la saint Sostène et perle.
Ah! si j'avais un zeste de citron
dans ma langueur et des sonnailles à l'âme!
Vous verriez, sur des échasses d'or
haute ma voix encerclant d'eau un oasis.

Tout mon pays est là nullement de cocagne.
L'ail sur la savane arme deux ramiers
d'un même dégoût à se baiser du bec!
Notre vin musical
dans la pluie de décembre
ma chambre sans mousse
sans oiseaux siffleurs
projette un cadastre à froid
sur mon nombril perdu
dans ces tatouages
du ventre de ma tribu.

The flamboyants bend,
Me, I go from one song to another
trying to live enough without dying
so as to let the dawn pass
if pass it must over my body.

The die is cast!
I'm stuck with a face dressed in petals.
The quay awaits the train
the hall of wasted steps.
The war of Christmas bonuses
emerges from long-armed bodies.
I am renting my skin;
The passing cloud thumbs its nose at the sun
on this St. Sostenes day, and seems to bead.
Ah! If I had some lemon peel
in my languor and bells on my soul!
You would see, on golden stilts,
my booming voice bounding an oasis with water.

My whole country lies there and no land of abundance.
Savanna garlic arms two pigeons
with the same distaste for kissing on the beak!
Our musical wine
in the rains of December
my room without moss
without whistling birds
projects a chill cadastre
on my navel
lost among these tattoos
of my tribe's belly.

Il faut que je me refasse
selon ce que ma tête me fera…
Ah! repos à ma conscience!
Je suis libre de flâner!
J'avale des sabres, je mens
je me mutile avec une guitare andalouse
Je me berce à jouer de l'arc-en-ciel
Et puisque tout est musical, politique,
prostitution, paresse, négromanie
trahison
je suis jonas dans le ventre
de mon amour à genou et pieux
où je flâne
le nez contusionné!
Mais l'âme en érection!

I'll have to remake myself
According to what my head makes me...
Ah! rest for my conscience!
I'm free to stroll!
I swallow swords, I tell lies
I mutilate myself with an Andalusian guitar
I cradle myself in a game of rainbow
And since all is musical, political,
prostitution, laziness, negromania
betrayal
I am jonas in the belly
of my love on its knees and pious
where I stroll
with battered nose!
But with soul erect!

Après tout ,
la solitude au cou
ou des sonnailles à l'âme le poison
est le même!

Ah! je puis être votre très humble serviteur parce que par cette
crevasse dans votre ventre s'échapperait le chant de mes tripes,
plus cruel que ces insolations sur ce continent où même l'herbe est
crépue aux flancs des savanes quand la tête n'a que la teigne pour
parure dès la nuque jusqu'aux lobes frontaux…

Qui sait quand n'ai-je plus eu
d'eurydice à mon chevet?
Ce fut quand je me suçais les doigts de douleur.
Ce fut quand se refroidit le sang à blanc et même
en neige et pour quel abandon?

Mais est-ce le foie ou la foi
qui m'empêche de dormir
ou de mourir la gueule ouverte
dans les marais où le manioc rui
pourrit l'audace d'un cannibale?
Ce ne serait jamais que mon âme en pâture
qu'il voudra!
Mais a-t-il le cœur incivil?
Le foie pour quel excès de vin?
La foi en quel corps en holocauste?
M'en laissera-t-on voir le ventre?
Non.
Rien que ces lits embaumant la punaise ;
Rien que ce soleil pressurant l'humus ;
dans l'arrière-cour d'une négropole;

After all,
solitude glued to your neck
or cowbells on your soul
is all the same poison!

Ah! I can well be your humble servant because through this crevasse in your belly the song of my guts would vent, crueler than those sunstrokes on the continent where even the grass is frizzy on the savanna's flanks when your head has only ringworm for ornament from nape to frontal lobes...

Who can know when I no longer had
eurydice at the head of my bed
It was when I sucked my fingers from pain
It was when blood cooled from white hot and even
to snow and for what abandonment?

But is it liver or fervor
that keeps me from sleeping
or dying mouth agape
in the marches where manioc à la rui
rots the cannibal's edge?
He would never want anything
but my soul as forage!
But is his heart uncourtly?
His liver leans to what wine excess?
His faith to what body, in what holocaust?
Will they let me see the stomach of it?
No.
Nothing but these beds embalming bedbugs;
Nothing but this sun bearing down on the loam;
in the backyard of a negropolis;

Rien que la négromancie des amers, Abîmes ;
Rien que la cirrhose patriotique du foie ;
Rien que les coudes obtus de fonctionnariat:
Je me soumets
Je me convertis
Je ne dormirai plus la gueule ouverte
sous les parasoliers
dans mes labeurs.

Une goutte d'eau qui manque
est plus lourde à porter
qu'une étoile vacillante
dans l'eau de ce puits
au bord de tes lèvres!
Femme femme femme
Le sang a ses abîmes!

Nothing but the negromancy of the embittered, the Depths;
Nothing but patriotic cirrhosis of the liver;
Nothing but the dull elbows of the bureaucrats;
I submit
I am converted
I will sleep no longer mouth agape
at the feet of parasol bearers
in my labors.

A drop of water needed
is heavier to bear
than a flickering star
in the well's water
at the edge of your lips!
Woman woman woman
Blood has its depths!

D'UN CHANT A L'AUTRE

Le rire est le seul uniforme que je
n'ai jamais porté en haillons dans
les orgies! Il gardait mon cœur
contre mes appétits d'ogre.

FROM ONE SONG TO ANOTHER

Laughter is the only uniform
I haven't worn in tatters
to orgies!
It kept my heart safe
against my ogre appetites.

Je cours d'une aube à l'autre.
Je cours d'un chant à l'autre.

Des lions gardent les prisons du corps.

Je ne veux pas de chambre nuptiale ni
mourir sur un sein tiède ni
manger de nouvelles laitues ni
en sirotant le sang au cinname ni
envier aux silures la vase électrique
à leurs moustaches de poissons-chats ni
nier aux coraux les ors versatiles
des tournesols qui sont stupides ni
passer outre ce corps humide de silence!
mais je ne suis plus solvable
mais on spéculera ma poésie en bourse
Ah! repos à ma conscience!
Je suis libre de flâner…

I run from one dawn to another.
I run from one song to another.

Lions guard the prisons of the body.

I want no nuptial bed nor
to die upon a lukewarm breast nor
to nibble new lettuce not even
while sipping blood with myrrh nor
envy the bullheads the electric mud
on their catfish mustaches nor
deny the corals the fickle gold
of sunflowers in their dumbness nor
disregard this body steeped in silence!
but I'm no longer solvent
yet they'll speculate on the stock of my poetry
Ah! rest for my conscience!
I am free to stroll on...

J'allais vers ces voiles sur la mer
des beignets à la cannelle
sur mon poitrail de minotaure gluant
Non.
Je veux être un théâtre poétisant l'humus.
Je voulais un corps légal.
On me salue à coups d'œillères
parce que moi aussi
je vais mon chemin dans les dédales
que les délires colorent au thym.
Je ne sais qui m'écoutera
même si je clamais aux enchères
cet amour dépareillé que j'ai du vin
Quand fut-ce,
quand ceux du bélier
me prirent pour cible
allant jusqu'à me peser mon cœur
pour voir si je ne le passais pas
en fraude bourré de stupéfiants
au bureau de douane de cette aurore!
J'allais vers les voiles sur la mer
par moment gluant de soleil
quoique minotaure
mais jamais l'astre de personne
quoique minotaure!

I was headed for those sails on the sea
with cinnamon doughnuts
on my slimy minotaur chest
No.
I'd like to be a theater poetizing the soil.
I wanted a legal body.
They greet me with slaps of the blinders
because I too
I make my way in the mazes
that delirium tints with thyme.
Who will listen to me
even if I proclaimed at auction
this unrequited love I have for wine
Even if it were when
when the attendants of the ram
targeted me
going so far as to weigh my heart
to see if I wasn't smuggling it stuffed with drugs
through the custom house of that dawn!
I was headed for those sails on the sea
slimy just then with sun
though minotaur
no guiding star for anyone
though minotaur!

Personne ne m'ouvrira le cœur
par crainte du sang qui en bondissant
jette l'âme au sol.
Est-ce de la mienne que l'on a cure?
mais non, de celle d'un rat dans mon corps
Et ils sont parfois juges
Et ils ont du sucre dans l'ombre
qu'ils jettent sur les chiens ;
Ils surprennent ma bouche dans le vin
jamais ma tête dans un giron
qui la rendrait plus reptile
dans la danse du ventre
sinon plus chantante à porter
même en marchant à pas de loup
vers ces voiles sur la mer
ces voiles qui pavoisent: blanc!
pour mon suicide.

Je permettrai d'abord
que l'on me rompe l'épine dorsale
devant le pape et les licteurs!
Mais, à quoi bon! mon ventre ne sera plus là pour
lever la main et jurer
qu'il ne dira que la vérité,
toute la vérité, à savoir:
que je n'ai jamais eu de trace d'amour sur mon
ventre!

No one will open my heart
for fear of the blood that leaping forth
flattens the soul.
My soul is the one they're treating?
not at all—a rat's, that's in my body
And sometimes they're judges
And they sugar their shadow
as it falls on dogs;
They catch my mouth at the wine
never my head in a lap
a lap that would make it more reptile
in the belly dance
if not more tuneful to lift
even stealthily
toward those sails on the sea
those gloating sails: white!
toward my suicide.

I will first allow them
to snap my dorsal spine
in front of the pope and lictors!
But what for! My belly no longer there to
raise its hand and swear
to tell only the truth
the whole truth, to wit:
that I've never had the mark of love on my
belly!

La lumière n'a pas suffi
au destin le plus en vue
dans notre ville ou ailleurs.
Alors il me faut parler au couteau
le langage du cœur que le cœur conspue
A jet de pus sur mon âme.
O mon paradis aux mains pieuses,
j'ai tous ces fils de fer barbelés
dans l'âme et les pieds dans un rêve
où les calices débordent
du sang d'un christ en pâture
aux juifs de cette foule.
Je n'arr êterai pas d'agonir
nègre juif blanc cubain!

« Le Dernier des justes»
(Schwarz-Bart)

Un peu plus de pénombre:
languir en silence en son cœur ;
mourir la gueule ouverte
sur un tombeau moins creux
que ce ventre que je traîne
d'un amour à l'autre!

The light didn't suffice
for the fate most in mind
in our town and beyond.
So I will have to speak to the knife
in the language of the heart that the heart jeers
in a spurt of pus over my soul.
Oh my paradise of praying hands,
I have all these barbed wires
in my soul and my feet in a dream
where the chalices overflow
with the blood of a christ mere fodder
for the jews in this crowd.
I will never cease my dying
negro jew white cuban!

                              "The last of the just."
                              (Schwarz-Bart)

A little more half-light:
to languish in silence in one's heart;
die mouth agape
on a tomb less hollow
than this stomach I drag
from one love to another!

J'envie ceux qui tombent finalement sur le dos
ventre en l'air à l'air
rond!
Et pleure ceux qui tombent finalement
sur le ventre
dos à l'air en sol…
soldat!
Parmi ceux-là, celui-là
son cœur puera-t-il l'ail
plus que le reste?
Il reste de lui un nom
qui m'empoisonne plus que mon cœur
que je donne et que je redonne
sans que ceux qui tombent
ne le reprennent jamais
d'une façon ou d'une autre
du dos ou du ventre
ou de l'épaule en l'épaulant!
A quoi bon être de ce monde
je m'en irai en paradis
dans mon auto blanche
à cent soixante à l'heure
après avoir bu la ciguë
et non après avoir vu un ventre
qui me console de la tristesse du mien!

I envy those who finally topple
on their back belly round
in the air!
And weep for those who finally fall
on their stomach
back in the breeze, ground...
troops!
Among those, the former
will his heart stink of garlic
more than the rest?
Only a name is left of him
poisoning me more than does my heart
that I've given and re-given
without the fallen ever taking it up
one way or another
on their backs or to their stomachs
or shouldering it while aiming!
What's the use of this world
I'll head off to paradise
in my white car
at 100 miles an hour
after drinking hemlock
and never having seen a belly
that consoles me for the sadness of mine!

Voici sur ma bouche le plus vieux chant de
débâcle!
j'ose cela alors que le monde est à l'heure atomique
et que hiroshima aura toujours des vérues
aux fesses quoi qu'on en dise
et sur le sexe des anges!
« Je t'aime je t'aime je t'atomise »
et puis dieu—je t'en fous
mon poing sur le crâne…
Passons: comment veux-tu voir mon ventre?
Au profil il avait le bec
de mon hernie ombilicale ;
de face, il fut rond
comme ces chats dans les gouttières
dès que la lune les rappelle aux amours
noires de l'autre lune
le dos rond, le ventre creux

Voilà sur ma bouche le plus vieux chant de débâcle!
Allons enfants… dieu sauve qui peut!
Je sais que moi je finirai prophète
ou jonas dans le ventre de mon amour
jamais paillard au vatican!

Behold on my lips the oldest
debacle-song!
which I dare now that the world has reached
the atomic hour and hiroshima will ever have warts
on its ass whatever your opinion
and angels on its dick!
"*I love you I prize you I atomize you*"
and then god – here's
my fist on your skull...
But moving on: how will you view my belly?
In profile it had the beak
of my umbilical hernia;
straight on, it was round
like cats in gutters
when the moon calls them back
to the dark loves of the other moon
back humped, stomach caved.

Behold on my lips the oldest
debacle-song! Oh Say Can You See... god save the hindmost!
Me, I know I'll end up a prophet
or jonas in the belly of my love
but never a vatican bawd!

Je hais ces sadiques
de l'amour pour l'amour:
Dos à dos
à confesse!

Le monde refait à mon image
le serait à l'eau de Cologne

Mais voici mon ventre dans trois cercles
de cendre chaude et fumante
afin que le feu d'aucun sexe
n'y vienne le souiller.

Dès que chacun boira sec
le cuivre en fusion
le katanga me soldera
un denier l'âme pour la dîme!
Mais qui a mon ventre?
Qui a reçu l'ange gabriel en annonciation?
Me condamnera-t-on pour bris de cœur?
Sous le signe de quelle constellation?
Qu'une voix postillonne dans ma mémoire
serai-je dupe de laisser
qu'elle me noie?
Je me laisse vendre pour sauver le monde!
Jamais!

I hate these sadists
of love for love's sake:
Back to back—
at confession!

The world remade in my image
would be made of Cologne

But here is my stomach within three circles
of warm and smoking ash
so the flame of no genitals
can reach and sully it.

When everyone drinks neat
their molten copper
Katanga will sell me off
at a nickel a soul for the tithe!
But who's got my belly?
Who got the angel Gabriel and the annunciation?
Will they condemn me for heart breaking?
Under the sign of what constellation?
If a voice splutters in my memory
am I dupe if I let it
drown me?
I let myself be sold to save the world!
Never!

—Comment fais-tu pour vivre sans
  amour
—avec des idées de suicide, la
  galère a de quoi voguer
—mais sur quel raz de marée!…
—Oh! tu sais, la chair…

Le monde refait à mon image
le serait à l'eau de Cologne.
avec des flon-flons en parure
ou jamais!
Il se peut qu'à coup de lèvres
je force les portes du paradis
que j'y sois reçu par toutes les oreilles
enfin dressées sur des socles d'or
pour mieux entendre le message
congolais que mon âme apportera là
entre deux pierres chaudes de piété!
Certes, mon haleine est plus teinte
que mon âme qui n'a que le sang
le sang qui menace de jaillir en cris
dès que les coqs acclament une aurore
et que le vin reflue avec ce hoquet
que j'ai à la vue du moindre calvaire.

—How is it you're able to live
   without love?
—with suicidal thoughts, why the
   galley has enough to sail on
—but on such a tidal wave!...
—Oh! you know how flesh is...

The world remade in my image
would be made of Cologne.
with tiddly-om-pom as ornament
or else never at all!
Perhaps by the application of my lips
I could force the gates of heaven
and be received there by every ear
all finally set on bases of gold
to better hear the congolese
message my soul will bring
between two stones warm with devotion!
Yes, my breath is more tinged
than my soul that has only blood
blood threatening to spurt in wails
just when the cocks cheer a new dawn
and the wine gurgles back with this hiccup
I get when I see the slightest calvary.

Le supplice donne des feux, ce soir,
un autre fruit qui casse la langue.
Après le feu, serait-ce le paradis?
Il faudrait déjà que je perde mes lèvres
à la suavité du sel dans tes yeux
et que tu rejettes à mon cœur
déjà mutilé d'un ventricule à gauche!

Je confesse:
je me suis déjà fendu le œur,
à la hache!
à ce cœur qui me tourne le dos,
à jeun même!
à cette envie de tabac gris   .
ou de traite!
Il se peut qu'à coups de lèvres,
le paradis aille en sang
me faire un feu chez les gitans
à moins que
votre cœur et le mien
aillent exsangues…
aillent exsangues…
aillent exsangues…
sais-je où
non, plus où!
me laissant mes deux lèvres
de douleur bien lippues
de douleur bien lippues
Je confesse:
Je me suis déjà fendu le cœur
à la hache!

Torture gives off flames, this evening,
another fruit to shatter the tongue.
After the fire, will we be in heaven?
I would have to lose my lips
in the sweetness of your eyes' salt
that you throw back at my heart
already ripped through the left ventricle!

I confess:
I have already split my heart
with a hatchet!
this heart turning its back on me,
even when fasting!
this craving for shag tobacco
or whatever's traded!
Perhaps by application of my lips,
heaven will go off bleeding
to light me a fire among the gypsies
unless
your heart and mine
go drained white...
go drained...
go drained...
do I know where
no, no longer!
leaving me my two lips
well swollen with pain
well swollen with pain
I confess:
I've already split my heart
with an ax!

SOUS LE CIEL DE SOI

Dessiner certains cœurs à
l'encre de Chine.
Leur donne plus de couleur.

UNDER A SKY OF SELF

Drawing certain hearts
in India ink.
Gives them more color.

I

Le ventre tremble,
le déluge approche
Quels corps brader
Noé! Noé!
Celle qui protège
son ventre de ses mains
vaut moins qu'un éléphant
La chanson dit:
ça trompe! ça trompe!…
Ma mère m'a bien dit:
une vie à deux mains
vaut plus qu'un cœur
à quatre pattes…!

II

Le ventre tremble
le déluge approche
Suis-je bon à brader
Noé! Noé!
Certain brandon
n'éclipse point l'aube
qui point dans mon chant
C'est moi qui tire
sur les viscères
de ce ventre qui tremble
pour mon pardon.

I

The belly trembles,
the deluge nears:
What body to sell off
Noah! Noah!
She who protects
her belly with her hands
is worth less than an elephant
The song goes:
beware!... beware!...
My mother learned me well:
a life with two hands
is worth more than a heart
on all fours...!

II

The belly trembles
the deluge nears
Am I worth selling off
Noah! Noah!
A certain torch
can hardly eclipse the dawn
missing from my song
I am the one pulling
at the guts
of this stomach that trembles
for my pardon.

III

—Que fait-on des savanes?
—Qu'on les lacère à sang!
On ne change pas de programme:
Demain, lever du soleil
à 6 heures 53' 01"!
Et sur le pourtour de ma tête,
en étalon,
Le congo sera libre
d'émettre sur toutes les ondes
Le mot d'ordre est de vivre
le cœur à gauche!
On ne change pas de programme
parce qu'il est venu.
Tous furent Hérode
à ne pas voir parmi les flamboyants
—Quoi?—L'étoile!
—Qu'on les lacère à sang
A Kir ce peuple et non à Kin!
—Que fait-on des savanes?
—Du savon, des bouches, tout,
mais pas un pli à l'âme!
« A cause des trois crimes de Kin
et même de quatre
je ne révoque pas mon arrêt! »

III

—What are they doing with the savannahs?
—May them slash them bloody!
We won't change stations:
Tomorrow, sunrise
at 6:53 and one second!
And round the circumference of my head,
as a kind of yardstick,
Congo will be free
to broadcast on all frequencies:
The slogan is live
with your heart on the left!
No changing stations
because he has come.
All were once Herod
not seeing among the flamboyant trees
—What? —The Star!
—May they slash them bloody
At Kir these people and not at Kin!
—What are they making from the savannahs?
—Soap, mouths, everything,
but not a wrinkle on the soul!
"For the three crimes of Kin
four even—
I do not rescind my judgment!"

IV

Et je serai de la résurrection!
Et l'on portera mon âme sous un dais d'or
dans les foires les nuits d'équinoxe.
Puis un orage d'ongles racornis au feu éclatera
dont les éclats me troueront l'âme!
Et je supplierai qu'on m'aime debout!
Afin d'être de la résurrection des corps
parce que j'aurai été le pain et le levain
sinon ce fleuve de joie pour un cœur
multipliant mon cœur dans le pardon!

V

Qui caresse un poisson-lune
a le sang sur les mains.
Des mains soporifiques,
c'est ce que moi j'appelle
l'apostolat du lin de ce drap
Drapez! drapez ce corps de ce bras
Et si la lie de ce vin
ne le lie au lit d'or
C'est que ce corps est mort.

Mais je serai de la résurrection!

IV

And I will be in the resurrection!
And they will carry my soul beneath a golden dais
in the fairs of the equinox.
Then a storm of fingernails hardened in the fire will explode
and the shards will pierce my soul!
And I will beg to be loved standing up!
In order to join in the resurrection of bodies
since I will have been bread and leavening
if not this stream of joy for a heart
multiplying my heart in forgiveness!

V

Whoever caresses a pisces-moon
has blood on his hands.
Soporific hands,
that's what I call
the linen vocation of this sheet
To drape! drape this body and this arm
And if the dregs of this wine
don't bind it to this bed of gold
it's that this body is dead.

But I will be in the resurrection!

Mets
Les rides de ce cœur au
nombre des ennuis
Se mesure et luit
La mort noire aux coups sûrs.

Je mange les entrailles
de mon pays maudit .
Je n'ai rien acquis du gouffre.
Le plus tard sera trop tôt!
Pas le temps de faire fortune
dans la vente des hibiscus.

Que vont brader
les tam-tams aux biches?
Dans quel œil
la jungle a plus pleuré
que dans cette cuvette
qu'on ne verra sur la tête
d'aucune femme, à moins
qu'elle n'eût jamais
un ventre à vendre:
Une conga, les spasmes!

Put
This heart's wrinkles down to the
tally of its woes
The black death glows
and pits itself against the fatal blows.

,

I munch the entrails
of my accursed land.
From the abyss I've gained nothing.
The last minute will be too soon!
There isn't time to get rich
selling hibiscus.

What will the tom-toms
sell off to the doe?
In what eye
has the jungle wept more
than in this bowl
never to be seen
on woman's head, unless
she never had
a stomach to sell:
A conga, and spasms!

DANS QUELLE NUIT?

"A cause des trois crimes d'Israël,
Et même de quatre,
Je ne révoque pas mon arrêt -
Parce qu'ils ont vendu le
juste pour de l'argent et le pauvre
pour une paire de souliers."
(Amos, 1, 2-6.)

IN WHAT NIGHT?

"Because of the three
transgressions of Israel, And
even four, I do not turn away my
judgment thereof— Because they
have sold the righteous for silver
and the poor for a pair of shoes."
(Amos, I, 2-6.)

Des congolais
aux bras d'anguilles des
congolaises
ont dansé
la conga
en se cherchant
dans leurs mains grasses un mont
de vénus praticable
à jeun!

Le vin voudra-t-il de mon âme
qui sait? Mais
à quel cœur ai-je pendu mon cou?
Qui sait? Mais,
Est-ce de l'œsophage
Que le chant coule
ou du ventre lardé?
Laissons là le chant ou le ventre.
Mettons-nous ça dans la tête:
Le cœur jette le sang
aux yeux de celui qui voit le crime
Or le crime est partout
dans chaque lampe la nuit
qui épie une étoile.

Congolese
with arms like eels
congolese women
danced the conga
while searching
in their greasy hands
a mount of venus
do-able
on an empty stomach!

Will the wine want something from my soul
who knows? But
what heart have I hung my neck from?
Who knows? But,
is it from the esophagus
the song flows
or from the shredded stomach?
Let's leave song or stomach there.
Let's get this into our heads:
The heart hurls blood
in the eyes of the one who sees the crime.
Now the crime is on all sides
In each night lamp
That watches for a star.

Ceux qui m'aiment m'ont épié
et pillé et pilé le corps
à la grenaille de leur abandon
à faire de mon corps une passoire
qui laisse tout faire au destin.

Et pourtant mon congo est là:
Dans cette hydrolyse.
La bonne formule suffirait:
Cinq et deux font sept
Le chiffre d'or
et la fin des peines du monde
Et ce nom-là en guise de clé
à toutes les bouches ouvertes
au large éblouissement du corail
Je mets ton nom sous une fleur
Sous quelle fleur?
Sur quelle pierre?
Dans quelle main?
Dans quelle nuit?

Those that love me have watched for me
and looted and crushed my body
in the grape-shot of their abandon
making of my body a sieve
that lets destiny do all things.

And yet my congo is there:
In this hydrolysis.
The right formula will do it:
Five and two make seven
The golden number
and the end of the world's troubles
And that very name serving as key
to every open mouth
to the broad dazzle of the coral
I place your name beneath a flower
Beneath what flower?
On what stone?
In which hand?
In what night?

Je mets ton nom sous une fleur
sous quelle fleur? Sous quelle fleur?
Je parlerai:
D'ossements englués
sous l'humus tissant des mailles.
Sous quelle fleur? Sous quelle fleur
pleure une vertèbre?
A Kir et non à Kin
A cause des trois crimes
et même de quatre…

Je mets ton nom sous une pierre
Je ne sais plus comment me tenir le cœur,
Le chemin est depuis en chair battue
pavé de morts qui soliloquent,
tristement, du ventre humide.

Ce pays a la teigne à la nuque.
Ce pays ne retient des marées
que des méduses; au milieu des méduses
Je mets ton nom sous une fleur!

I place your name beneath a flower
beneath what flower? Beneath what flower?
I will speak:
Sticky bones
knitting links below the loam.
Beneath which flower? Beneath which flower
is a vertebra weeping?
At Kir and not at Kin
For the three transgressions
and even four...

I place your name beneath a stone
I no longer know how to keep my heart strong,
the path is now of beaten flesh
paved with corpses and soliloquies coming,
sadly, from their humid bellies.

This country has ringworm on its nape.
This country keeps only jellyfish
from its tides; amid the jellyfish
I place your name beneath a flower!

LES CORPS ET LES BIENS

Je condamne l'homme
à perdre le mépris
de soi-même et la folie des femmes
qui le perd.

BODIES AND GOODS

I condemn man
to losing his contempt
for himself along with the woman
madness that makes him lost.

Le devin:

Je ne sais plus sous quelle terre
protéger mes morts
contre la précipitation
de ma course au bonheur
afin d'être comme eux
immobile des membres
prêt au pardon, comme eux
docile à ma mort.

L'arpenteur:

Je sais des kilomètres de cœurs
difficiles à franchir d'un bond
parce qu'il faut se perdre dans la foule
afin que l'amour demeure chaste
ou la pierre sur notre dos d'homme
 ou la croix sur l'épaule d'un christ
à toujours promettre à l'homme
en rançon, à cause de la mort!

Le constructeur:

Je sais que le feu est une pierre précieuse
dans l'oasis où l'on déplore
l'absence d'un coq dont le chant
donnait plus de feu à l'aube:
Il faut s'éteindre à petit feu!

Le poète:

Je vais d'un chant à l'autre
comme d'un amour à l'autre
d'une seule vie d'une seule mort.
Je vais d'un cœur à l'autre
d'un seul corps d'une seule âme!

The soothsayer:

I no longer know under what ground
to harbor my dead
against the precipitation
of my race for happiness
in order to be like them
limbs immobile
ready to pardon, like them
docile facing death.

The surveyor:

I know of miles of hearts
hard to cross in one bound
because you must lose yourself in the crowd
so that love will always be pure
or the rock on our backs
or the cross on a christ's shoulder
always on offer to man
as ransom, because there is death.

The builder:

I know that fire is a precious stone
in the oasis where we deplore
the absence of a cock whose crowing
once gave dawn a bit of fire:
We must die down over low heat!

The poet:

I go from one song to another
as from one love to another
from one life only from one death.
I go from one heart to another
from a single body a single soul!

Le soldat:

Mon feu de brousse n'est même pas l'enfer
ni l'envers de ce poids de sang
que le soleil rend lourd à porter
jusqu'au cœur des totems d'acier
dont la bouche plaquée aux portes des villes
crache des eaux qui tombent
en neige ou cendre…

Le poète:

Je vais d'un enfer à l'autre
Le christ m'eût absout de tout mal
en trouvant mon sang dans son ciboire
et non le sien tellement plus léger
que mon rire, depuis neige ou cendre,
d'un deuil à l'autre…

Le soldat:

Trêve de chant! La fosse commune
c'est déjà l'idée du martyre
qui vient à la bouche avec le sang
d'une mort ou d'une autre

Le poète:

Je fais un feu d'artifice
de tous mes membres en jappant
en broutant sur les pierres tombales
la mousse ou les lichens.

The soldier:

My brushfire is not even hell
nor the reverse of this load of blood
the sun makes heavy to bear
as far as the heart of the steel totems
whose mouth glued to the city gates
spits waters that fall
as snow or ash...

The poet:

I go from one hell to another
Christ would have absolved me of all sin
on finding my blood in his ciborium
instead of his own so much lighter
than my laugh, ever since snow or ash,
from one mourning to another...

The soldier:

A respite from singing! The mass grave
is this very idea of martyrdom
coming to your lips with the blood
of one corpse or another

The poet:

I make fireworks
from all my limbs yelping
grazing over tomb stones
on the moss and lichen.

Le soldat:

La lune eut sa réplique
sur mes larmes…
Le sein d'une femme est bon
comme le lait dont je me mouille le ventre
à tellement ramper dans la mousse
et les algues…

Le poète:

J'ai toisé la mer
en coulant à pic
J'ai toisé la mort
en vivant à fond
dans chaque interstice de peine
dans ton ventre et parmi les viscères
et parmi les épaves échouées!
Mon chant microscopique
a-t-il armé l'hydre de lance-flammes?

Le soldat:

Je rebaptise Varsovie, Varsovie!

Le poète:

…Et je vais d'un chant à l'autre!
D'un deuil à l'autre
de tous mes membres en feulant!

L'arpenteur:

Vous avez tué votre bouche
à coups de dents grises de honte.
Je savais qu'à cette source-là,
l'eau qui vous venait à la bouche
était amère et verte de vomissures…

The soldier:

The moon's reply came
on my tears...
A woman's breast is good
like the milk that wets my stomach
from all this crawling in the moss
and seaweed...

The poet:

I looked the sea up and down
as I sank like a stone
I looked death up and down
living life to the depths
in each cranny of woe
in your belly among your guts
and amid the sunken wrecks!
Did my microscopic song
arm the hydra with flame-throwers?

The soldier:

I re-baptize Warsaw, Warsaw!

The poet:

...And I go from one song to another!
From one grief to another
growling through all my limbs!

The surveyor:

You've killed your mouth
with teeth gray from shame.
I knew well that in that spring,
the water that came to your mouth
was bitter and green with vomit...

Le soldat:

Je savais aussi
que j'aurai beau avoir des tourbillons
de sable crissant sous la peau
on ne me déshabillera pas
même pas pour le baptême.

Le poète:

Un autre christ me chassera d'un temple
en me voyant les pieds nus et sans or
au concile ou même au Katanga!

L'arpenteur:

Le cœur est plus docile à l'or
qu'au sourire d'une libellule
qui chante au bord de cette source
dont l'eau vous fut amère et verte au goût
parce que vous vouliez aussi
que la lune fût à vos genoux
ronde et sans muscle
comme ce peuple à qui
l'on enlève une à une
la plante des pieds
sous leurs yeux!

Le poète:

Il ne se laissera pas faire.

The soldier:

I also knew
there was no use having dust-
devils hissing in my skin
I will never be undressed
not even for christening.

The poet:

A different Christ will chase me from a temple
seeing me barefoot and without gold
at the council or even in Katanga!

The surveyor:

The heart is more docile to gold
than to a dragonfly's smile
that sings at the lip of that spring
whose water was green and bitter to you
because you also wanted
the moon at your knees
round and muscleless
like this people from whom
they steal one by one
the soles of their feet
before their very eyes!

The poet:

He won't let it happen to him.

Le soldat:

Dans leur pharmacopée
cette eau verte a été leur urine
sur leurs plaies
qui navre toute bouche
dont les dents sont grises de trahison
Le messie qui vient dira
que je dis vrai!

L'arpenteur:

On parle d'amour
on oublie le pain du peuple
dont la haine est le plus sûr levain,
pour son pain quotidien.

Le poète:

Vous avez tué votre bouche…
Non . Il ne se laissera pas faire.

L'arpenteur:

Comme j'errais
sur une bouche sans pollen,
Comme j'arpentais
le cœur déjà pouilleux
je tombais sur le ventre
Et ce fut un horizon de bras démis.

Le poète:

Rien n'explique le silence
de ce sang.

The soldier:

In their pharmacopeia
this green water was once the urine
over their wounds
appalling every mouth
whose teeth are gray with treachery
The messiah to come will tell you
I speak the truth!

The surveyor:

We speak of love
but forget the bread of the people
whose hatred is the surest leavening,
for their daily bread.

The poet:

You have killed your mouth...
No, he won't let it happen.

The surveyor:

As I wandered
over a pollenless mouth,
As I surveyed
a heart already squalid
I fell on my stomach
And lo.. a horizon of dislocated arms.

The poet:

Nothing can explain the silence
of this blood.

Le soldat:

La demi-mort
non.
Le froid
Le seul

Nu de toute vie
mort de la bouche et des reins
quand passe une femme
qui a les yeux en fleur

Le poète:

N'a pas le Graal
ni chasubles d'or
qui n'a pas le ventre en creux
sous l'assaut d'un char d'assaut
ni la nuque humide dans un calice or
en main le Graal

Le soldat:

Qui le quête
sème l'or
dans un crâne ouvert
par un éclat de cœur.
Certaines fleurs des charniers
ont l'essence affolante
des chairs sous les seins
des vierges mortes,
le ventre ocre
qui quête le Graal!
Où leur sang fit merveille!

The soldier:

The half-death
no.
The frozen one
The lonely

Bare of all life
dead in mouth and loins
when a woman goes by
with eyes a-bloom

The poet:

He has not the Grail
nor chasubles of gold
whose stomach doesn't hollow
before the charge of a tank
whose nape doesn't sweat in a chalice now
to hand, the grail

The soldier:

Who quests for it
sows gold
in a skull opened
by a bursting heart.
Certain flowers on mass graves
have the delirious scent
of flesh under the breasts
of dead virgins,
the ochre belly
that quests for the Grail!
Where their blood works wonders!

L'arpenteur:

Je ne quête pas le Graal
mais mon sang dans les rigoles de Kin
dans ce calice enfin mon Graal
aux chevaliers de la prochaine table ronde
Je ne ris pas!

Epilogue

Qui vivra Verra le Congo
A cheval sur le Congo
ou flottant parmi les jacinthes d'eau

The surveyor:

I don't quest the Grail
rather my blood in the good times at Kin
in this chalice is my final Grail
and I won't laugh
at knights of the next round table.

Epilogue:

Whoever lives
Will see the Congo
Galloping over the Congo
or floating in the water hyacinths

LE VENTRE RESTE

THE BELLY REMAINS

,

Certes le ventre demeure chaste
sous un trésor d'os blancs
puis ouvert au chant d'un combattant
perdu corps et biens
dans les flammes de sa passion
Comme à Mont Ségur
Comme ailleurs où
un festin de corps en friche
invente des tortures.

A l'affiche du spectacle qu'on en donne
on entend des sonnailles qui ferraillent
d'un chant à l'autre
sous un ciel à soi
quand on ne sait plus
dans quelle nuit furent perdus
les corps et les biens d'une couronne
tout dans le dos et sur l'échine.

Certes, il reste le ventre.
Est-ce plus souillé que chaste?
A cause de certains bris de cœur?
L'amour pour l'amour
est aussi désolant que le reste.

Mais l'amour pour la vie
celui qu'on donne du ventre
la terre s'en charge
Dieu merci les voyants tombent
le plus souvent sur le dos
le plus souvent les bras ouverts
le plus souvent
le ventre face au ciel!

Indeed the belly remains chaste
under a treasure of white bones
then open to a soldier's song
body and goods lost
in the flames of his passion
As at Mount Ségur
As wherever
a banquet of bodies lying fallow
is inventing tortures.

On the poster for this show
you hear cowbells hammering
from one song to another
under a sky of your own
when you no longer know
in what night were lost
the bodies and belongings of a crown
embedded in the back and on the spine.

Of course, there remains the belly.
More sullied than chaste?
Because of certain breaks in the heart?
Love for love's sake
is as afflicting as the rest.

But love for life
the kind given from the gut
earth takes care of that
Thank God the seers fall
most often face up
most often arms wide
most often
belly up to the sky!

'

Tchicaya U Tam'si was born Gérald-Félix Tchicaya in Mpili (near Brazzaville, French Equitorial Africa, now the Republic of Congo) in 1931. He was the son of Jean-Félix Tchicaya, who represented Equatorial Africa in the French parliament from 1944 to 1958. Assumed in the family to be headed to a career in politics, he left school before graduating to devote himself to writing, publishing his first book (*Le Mauvais sang*, inspired by Rimbaud), at age 24, and was immediately hailed as one of the great African voices of his generation. In 1957 he took the pseudonym of U Tam'si (which means, in Vili, "one who speaks for his country").

In 1960 he returned from France to support the great Congolese statesman and fighter for independence, Patrice Lumumba, who rose on a wave of hopeful nationalism to be Congo's first Prime Minister but served only two months before being assassinated, becoming a martyr and symbol for anti-colonialism throughout Africa. In 1964 Tchicaya released *Le Ventre* (*The Belly*) as a song of mourning for the fallen leader.

After a prolific middle and old age, Tchicaya died in Bazancourt in 1988 at the age of 56. In 1989, the Tchicaya U Tam'si Prize for African Poetry was established in his honor.

DIÁLOGOS
dialogosbooks.com

Made in the USA
Middletown, DE
09 July 2021